本书系国家社科基金重大项目"日本藏涉闽涉台历史档案的收集、整理与研究"（16ZDA127）的阶段性成果

台湾文献研究专辑

闽台区域研究丛刊

（第十六辑）

福建师范大学闽台区域研究中心　编
本辑执行主编　吴巍巍

海洋出版社

2018年·北京

图书在版编目（CIP）数据

闽台区域研究丛刊. 第十六辑，台湾文献研究专辑/福建师范大学闽台区域研究中心编. —北京：海洋出版社，2018. 8

ISBN 978-7-5210-0184-6

Ⅰ. ①闽… Ⅱ. ①福… Ⅲ. ①福建-地方史-丛刊②台湾-地方史-丛刊③地方文献-研究-台湾 Ⅳ. ①K295-55

中国版本图书馆 CIP 数据核字（2018）第 200049 号

责任编辑：张 荣
责任印制：赵麟苏

海洋出版社 **出版发行**

http://www.oceanpress.com.cn

北京市海淀区大慧寺路 8 号 邮编：100081

北京朝阳印刷厂有限责任公司印刷 新华书店北京发行所经销

2018 年 11 月第 1 版 2018 年 11 月第 1 次印刷

开本：787 mm×1092 mm 1/16 印张：7

字数：160 千字 定价：42. 00 元

发行部：62132549 邮购部：68038593 总编室：62114335

海洋版图书印、装错误可随时退换

目　　次

互动与创新：多维视野下的闽台文化研究

谢必震[1]

　　长期以来，海峡两岸学界对闽台文化及其相互关系的研究一直保持着非常高的热度。这不仅是因为闽台文化同根同源，同属中华文化之一脉，存在着密切的亲缘关系；更主要的还在于，台湾问题依然是当前最为迫切需要解决的首要政治任务，如何共谋两岸同胞福祉，促进祖国和平统一大业，依然是两岸人民共同关注的热点、焦点以及历史赋予我们的神圣使命。

　　闽台文化研究已经取得了相当丰硕的成果。20世纪80年代，陈碧笙所撰《台湾地方史》（1982年），即以台湾历史发展为纲，阐明了台湾与祖国大陆尤其是与福建的关系，可谓这方面的开山之作；其后，庄为玑与王连茂所纂《闽台关系族谱资料选编》（1984年），最早从族谱角度说明闽台血缘相通的关系；施联朱与许良国主编的《台湾民族历史与文化》（1987年），则收录了多篇介绍闽台关系的论文。90年代，闽台文化研究得到进一步拓展和深化。陈孔立所撰《清代台湾移民社会研究》（1990年），以翔实的史料说明台湾移民社会与福建之关系；其另一部专论《台湾研究十年》，从政治、教育、语言、文化等方面回顾了台湾研究的成果；林仁川所撰《大陆与台湾的历史渊源》，系统阐述了台湾与祖国大陆尤其是福建的渊源关系；福建炎黄文化研究会主编的《同祖同根　源远流长》（1993年），收录了多篇闽台文化关系文章；汪毅夫所撰《中国文化与闽台社会》（1997年），以中华文化为主线，阐述了闽台文化脉承祖国文化的诸多史事；陈孔立所撰《台湾历史与两岸关系》（1999年），则系统阐明了闽台文化纽带与两岸之间的紧密联系；此外，福建省档案馆和厦门市档案馆还联合推出了《闽台关系档案资料汇编》（1993年）。本世纪以来，福建师大闽台区域研究中心主编的《闽台区域文化研究》（2000年）和参与主编的"闽台文化关系研究丛书"（2000年），汪毅夫撰写的《闽台区域社会研究》（2004年）与《闽台缘与闽南风：闽台关系、闽台社会与闽南文化研究》（2006年），何绵山撰写的《闽台区域文化》（2004年），以及厦门大学组织两岸学者共同编写的"闽南文化丛书"（2007年）等著作的陆续推出，把闽台区域文化研究推向了更加广阔的领域和更高的层次。

　　统观上述成果不难发现，以往闽台文化研究更为注重"历史"事实的追述与挖掘，以无可辩驳的历史事实证明了"台湾自古就隶属福建管辖，是中国领土不可分割的一部分""台湾社会是以闽粤移民为主的移民社会""台湾与大陆同根同源，两岸地缘相近、血缘相亲、文缘相承、法缘相循、商缘相连"等事实。这些成果为海峡两岸关系的和平与发展做

　　1　作者简介：谢必震，教育部人文社会科学重点研究基地福建师范大学闽台区域研究中心主任、教授、博士生导师，两岸关系和平发展协同创新中心文教平台主任。

出了贡献，也为进一步的研究打下扎实的基础。筚路蓝缕，功不可没。目前，闽台文化研究还有许多需要拓展的地方：比如，如何处理好闽台文化关系的历史与当代的衔接关系等，特别是 2009 年 5 月 14 日国务院正式发布的《关于支持福建省加快建设海峡西岸经济区的若干意见》明确提出："推动文化与经济融合，大力发展文化创意产业，建立海峡两岸文化产业合作中心，着力培育专、精、特、新文化企业，努力使海峡西岸经济区成为全国重要的文化产业基地"[①]。在新的时代背景下，以往的研究成果已经与此一新形势有所脱节，与福建省委省政府大力繁荣和发展我省文化事业的思想不协调。因此，进一步探索闽台文化研究的新思路，拓展闽台文化研究的新领域，尤其是注重对于"当下"问题的探究与解决，以及对"未来"愿景的规划与实现，显得十分必要。

一

当前台海形势发生了重大的积极的变化，和平、发展、合作已经成为两岸关系的主流趋势。在这种新形势、大背景下，如何转变传统思想观念，摈弃固有思维模式，开创闽台文化研究的崭新局面，显得尤其迫切和重要。相对于以往闽台文化研究而言，一个突出特点就是继"往"开"来"、"学"以致"用"，既注重"历史"事实的追述，更注重"当下"问题的探究和"未来"愿景的规划；既注重学术性，更注重应用性，力图直接服务海西建设，为促进祖国和平统一大业献策献力。

加强两岸深度的交流必须有新的研究理念。本文提出了闽台文化的交流必须做到多维视野下的"互动"与"创新"。"互动"即闽台文化关系的互动，"创新"即闽台文化关系互动机制的创新，以区别于以往闽台文化研究的思维模式，从而赋予其新的研究内涵。"多维视野"则指研究视野的多元性和多角度特质，同时也指研究方法的多样性特征，如社会学、传播学和文化经济学等的综合运用。

要加强两岸深度的交往，必须丰富闽台文化研究的对象。以宏观构架为统摄，涵盖的研究对象极其广泛。其中，如"闽台文化产业合作的对策研究""闽台经济领域深度合作与交流""闽台文化遗产保护研究"等论题，都为以往研究所未曾涉猎；至于其他政治、族群、教育、宗教、风俗等旧论题，也有新的史料发现或观点发展。

探寻中华文化在闽台两地当代社会中的脉动趋势和意义。中华文化始终是维系全体中国人的精神纽带，这也是指导和贯穿本课题的核心思想。不仅要坚持闽台文化是中华文化的一脉表现和地域形态，同时还将探寻当前闽台两地对华夏文化认同的互动趋势和未来走向，进而探索中华文化在维系两岸民众心理方面的具体作用与发展规律。

当前，福建在科学发展观的指引下，正全面加强海峡西岸经济区的建设。我们要立足闽台关系研究，着眼海峡西岸建设大局，全面推动文化与经济融合，大力发展文化创意产业，建立海峡两岸文化产业合作中心，着力培育专、精、特、新文化企业，努力使海峡西岸经济区成为全国重要的文化产业基地，为深入贯彻国务院《关于支持福建省加快建设海峡西岸经济区的若干意见》提供参考。

① 《国务院关于支持福建省加快建设海峡西岸经济区的若干意见》，中华人民共和国中央人民政府官网，http：//www.gov.cn/zwgk/2009−05/14/content_ 1314194. htm

我们要致力于构建两岸命运共同体的精神文化纽带，以学术研究促进两岸文化交流，在挖掘闽台文化资源的同时，努力把福建建设成为"两岸文化交流的重要基地"和先行区，以期对促进两岸文化旅游及经贸交流合作起到推动作用。

加强两岸深度交流必须增进海峡两岸民众感情。文化是两岸民众心理认同最直接的表现，在闽台两地人民具有强烈的文化认同感的今天，研究思维不能仅停留在过去的根与叶、源与流式的论述。要加强对新问题和新动向的探讨，以深化人们对闽台文化内涵的认识，进而加强对中华文化的认同感和归属感，增进海峡两岸民众感情，消除彼此心理隔膜。

加强两岸深度交流，必须通过对台湾政治生态族群结构与族群文化的解剖，分析"台独"的文化根源，在弘扬中华文化的前提下，通过闽台的"五缘"关系，以文化促进经济、政治的交流与合作，为破解两岸和平发展中的难题提供一个新的路径，为实现台湾问题的最终解决，提供一个新的视野和思路。

二

在邓小平"一国两制"的伟大构想，江泽民关于台湾问题的八点声明，胡锦涛关于两岸关系和平发展的重要讲话以及习近平新时代对台工作重要思想与党的十九大报告对台工作论述等指导下，注重从"互动"与"创新"的视角多元立体地研究闽台文化，基本的思路就是在认识闽台历史文化内在联系的基础上，对闽台文化在新形势下的互动关系与发展境遇进行科学研究，以期为当前闽台文化注入新的研究理念和模式，以创新精神进行闽台文化研究。

我们应该尝试构建闽台文化研究的新框架，这一大框架试图在突破以往研究模式的基础上，多角度、全方面、深层次、跨学科地研究闽台文化关系，即用多维而非单一的视野来分析和解决问题，尤其是当前闽台文化呈现出现的新问题和新趋势；循此思路，课题在研究对象方面不仅涵括以往研究的热门问题，特别是注重这些历史文化现象的当代发展动态和趋势，还包括最新出现的闽台区域文化问题，并着力对这些文化事象进行一种综合的研究。

我们知道，以往研究很重要的一个目标就是批驳"台独"势力割裂两岸历史文化关系、推行"文化台独"路线的劣行。如今，"台独"分子虽仍不时活跃，但从当前两岸关系大局来看，和平、发展、合作是主流趋势，这时候学术研究的目标就不能再停留于过去的模式和思维，而应以一种发展创新的理念来对闽台文化及其关系进行更加全面而深刻地研究，从而为今天海峡两岸人民更好地互动往来和良性交流提供可资借鉴的历史经验，提出新的科学合理的建议。在新的历史条件下加强闽台文化认同、构建新的"海峡文化圈"的理念之下，建立论述框架，探讨闽台文化合作交流的新思维，开拓闽台文化交流与合作的新领域和新空间方面有所创新。

以中华文化为基础，以闽台文化为纽带，科学分析台湾族群文化的内涵、族群文化与台湾政治生态、政党政治的关系，剖析和揭示"台独"的文化根源。通过闽台的"五缘"关系，以文化促进经济、政治的交流与合作，为破解两岸和平发展中的难题提供一个新的路径，为实现台湾问题的最终解决，提供一个新的视野和思路。

闽台文化遗产表现形式丰富多彩，包括宗族祠堂、建筑文物、节俗、宗教、民间工艺、口头文学、音乐戏曲等都是承载闽台人民共同历史记忆的文化符号，并表现出中华文化多元一体的文化特征；闽台文化遗产是海峡两岸人民共同的物质财富和精神财富，对闽台文化遗产的保护与抢救及申报"世遗"工程有赖于闽台人民共同合作开展；对闽台文化遗产的科学研究与保护是海峡两岸人民共同的时代责任。

闽台教育具有深厚的亲缘关系，长期以来保持着良好的互动往来。当前，两岸教育联系呈双向交流态势、形式多样、范围广泛，互动频繁，体现了时代发展的要求和特征。新形势下，闽台教育应进一步加强合作交流，探索教育科学与发展问题，为两岸学校、教师和学生打造互动交流的平台，以增进两岸学界的理解和对话。

台湾光复初期，大批的福建籍教师、行政管理人员、技术人员到台湾工作，对台湾光复初期的社会事业、经济建设的恢复和发展起到积极作用。在当时社会文化重建的过程中，这些闽籍的行政干部、教师、新闻工作者等，扮演着不可或缺的角色。从他们的身上，我们可以窥见当时台湾社会文化重建的全貌以及闽台文化在台湾社会文化重建过程中的地位和作用。

我们应当进一步挖掘宗教与推动闽台文化关系发展的相关资源，合理把握和利用宗教与政治的密切关系，为两岸政治合作提供经验与启示；通过宗教活动深化研究，为两岸旅游资源共享和"海峡旅游"品牌的开发探讨运作机制；以及通过宗教信仰研析闽台歌舞艺术的表现形式和发展趋势等。

五缘文化不仅仅是一种珍贵的文化遗产，还必须对其进行有序地开发，使之转变为"五缘"文化产业，进而把"五缘"文化产业上升为"五缘"文化软实力，才能最大限度发挥"五缘"文化服务海峡西岸经济区建设和祖国统一大业的积极作用。

三

加强两岸深度交流，必须具备研究理念和视野的创新。以闽台文化的研究为例，今天的研究不能一味地流于过去，研究重点主要放在论证闽台文化之间"根"与"叶"、"源"与"流"的位置上，注重闽台文化的当代互动与发展创新内涵，注重新形势下闽台文化发展的新趋势，选取明确的主题，结合鲜活的案例，诸如闽台文化交流合作开展过程中的各项活动形式、特点与成效显著的经验，对闽台文化研究提供全新的研究视角。

研究内容和对象的创新。如本课题对闽台文化遗产的研究是当前各界积极关注但过去研究较为薄弱的环节，不仅如此，对一些老问题在当下出现的新趋势、新现象给予关注，进而从一种动态发展的格局对闽台文化事象进行新的诠释和分析。

我们还可从两岸共同保护申报世界文化遗产来讨论两岸深度交流的问题。文化遗产保护和申报，是闽台人民共同的时代责任，由此呼吁两岸文化界携手合作对传统文化资源进行保护利用；以往对闽台教育研究只注重双方关系，我们认为，研究教育互动和发展，是闽台文化交往的关键环节，对于促进其他活动，如闽台科技文化的交流等有着重要促进作用；以往对闽台宗教研究偏重于两岸"神缘"关系探讨，我们认为，闽台宗教活动已经被赋予新的时代发展的内涵，我们必须把握新的趋势和新的现象，利用闽台宗教信仰频繁互动和兴盛发达做文章，为两岸政治合作、旅游资源开发及文学艺术交流提供经验与启示，等等。

　　加强两岸深度交往，必须做到"海峡两岸暨香港、澳门等地"学者联手，多方合作，这将使闽台文化的研究更为全面，既可以收纳祖国大陆、台湾、港澳以及海外最新的研究成果，同时各自研究侧重点的结合，使两岸关于文化的研究更为全面、饱满，对于相关历史也更易达成共识。

　　研究闽台文化，注重口述历史的导入。对于一些历史亲历者进行访谈可以和文献资料相互补充、互相印证，有利于深化闽台关系，尤其是闽台文化的研究，对于研究资料的种类和内容上也形成了创新。由于当年的赴台人士现今都年事已高，这项口述历史的开展对于抢救、发掘、保护历史文化遗产，深化闽台文化研究都具有不可忽视的价值和意义。

　　概而言之，闽台文化的深度交流，从注重互动和创新出发，一定能达到预期的效果，我们拭目以待。

《台湾文献汇刊续编》 前言

方宝川[1]

  台湾自古以来就是中国神圣领土不可分割的一部分。台湾与大陆的关系可以追溯到远古时期。元代中央政府在澎湖设置巡检司，隶属福建行省泉州路同安县，管辖澎湖、台湾等岛屿。大陆汉族居民大规模移民台湾始于明末清初，且以福建的漳、泉二府为多。直至清光绪十一年（1885 年）台湾建省之前，其行政管理一直隶属于福建省。因此，福建与台湾有着地缘相近、血缘相亲、文缘相承的独特优势，明清时期的闽台关系尤为密切。

  典籍是历史文化遗存的主要载体之一。经过 300 多年的沧海桑田，有关台湾史迹的文献记载，虽散佚颇多，然至今所见者，仍为数不少。仅 1957 年至 1968 年间，台湾银行经济研究室编辑的《台湾文献丛刊》，就收录了包括日记、游记、纪事、纪要、奏折、见闻录、府县志、档案、实录、诗文集、杂著、传记以及图说、演义等各种体裁的明清典籍多达 309 种、595 册，这是当时有关台湾文献整理最重要、最繁大的学术工程，也是当时学术界研究台湾问题的最基本、最丰富、最重要的文献汇编。2004 年 12 月，九州出版社与厦门大学出版社又联合出版了福建师范大学闽台区域研究中心策划编辑、厦门大学人文学院陈支平教授主编的《台湾文献汇刊》，所录包括了："郑氏家族与清初南明相关史料""康熙统一台湾史料""闽台民间关系族谱""台湾相关诗文集""台湾舆地资料""台湾事件史料""林尔嘉家族及民间文书资料"等 7 个专辑，凡 157 种（不含附作）、100 册。该书的史料搜集与编纂，历时十年，在《台湾文献丛刊》的基础上，汇录了大量明清以来有关台湾的专题史料、诗文别集、地方志乘、档案数据、族谱契约、民间文书，等等。尤值一提的是，《台湾文献汇刊》的整理出版被列为中国"十五"出版重点规划项目、中央对台宣传重点项目、全国古籍整理出版规划项目、全国高等院校古籍整理研究项目等。2005 年，《台湾文献汇刊》荣获福建省第六届社会科学优秀成果特别奖；2006 年，又被选为中共中央总书记、中国国家主席胡锦涛访美馈赠耶鲁大学的赠书之一；2009 年，入选"中华人民共和国成立 60 周年成就展"。

  《台湾文献汇刊》在编纂的过程中，由于时间与篇幅等因素的局限，尚有许多知见的有关珍稀史料未能一并编入。于是在该书正式出版之际，编委会就作出了再用 10 年的时间继续编纂《台湾文献汇刊续编》（以下简称《续编》）的规划，并随即开始了具体的实施。福建师范大学副校长汪文顶教授，福建省政协原副主席、福建师范大学两岸文化发展研究中心主任王耀华教授，厦门大学人文与艺术学部主任、国学研究院常务副院长、《台湾文献

  1　作者简介：方宝川，福建莆田人，现为两岸协创中心福建师范大学闽台区域研究中心、两岸文化发展研究中心研究员。

汇刊》主编陈支平教授等，委我与谢必震教授以重任，命我们共同主持编纂《台湾文献汇刊续编》的工作。

光阴似箭，岁月如梭，十一寒暑，倏忽而过。我与必震兄及编委会的诸位同仁，禀承使命，黾勉十载，钩稽遗逸，网罗丛残，访书各地，多方吁恳，辗转咨求，共襄辑录，偶有所得，色然以喜，求之不得，矍然以忧。而今终于觏缕汇编，克成完帙。

本《续编》编纂之体例，一如《台湾文献汇刊》。全书分为："诗文别集""平台、抚台文献史料""台湾舆志风俗""文书、契约""'二二八'事件史料""台湾近代教育资料""谱牒家乘""稀见台湾刊物汇编"等8个专辑，凡151种（不含附作）、精装100册。再次汇录了大量明清以来有关台湾的诗文集、专题文献史料、舆志风俗、公私文书、民间契约、谱牒家乘、稀见台湾刊物，等等，内容十分丰富，史料价值极高，亦再次填补了有关台湾历史文献整理与研究的空白。

《台湾文献汇刊》与《台湾文献汇刊续编》的先后出版，对于深刻揭示台湾历史的发展变迁与两岸中华儿女的血缘关系，考辨海峡两岸传统文化的渊源流变、印证台湾与大陆一以贯之的文脉，增强中华民族的凝聚力和闽台文化的认同感，抢救珍稀历史文献史料，拓展台湾问题的研究视野，均具有特别重要的学术价值与现实意义。

本《续编》在整理编纂过程中，为了向学术界提供原始文献史料，均据档案、抄稿本、刊刻本等原件直接影印，旨在保留文献史料之原貌。遇有缺页、破损页的，则尽全力寻找相同版本的未缺损页做些配补工作。部分珍稀版本及孤本，多方寻访而未能如愿配补者，只能本着吉光片羽，虽残必珍的愿景，暂付阙如。如蔡德辉的《龙江诗话》八卷，其卷二已佚；黄纯青的《晴园诗草》二卷，亦只残存上卷；至今尚未见海内有其他收藏者。又如《台旅月刊》《民权通讯》《台湾文艺丛志》等民国时期的稀见台湾期刊，因其出版周期较长，且传播区域较窄，部分期次缺失，完整收集，实属不易。再如《岸里大社文书》等，是近年陆续发现和整理的，因数量庞大，所录亦只是编者知见的部分，而非全部。深切祈望民间尚有诸此欲绝如缕文献史料之收藏者，能鉴于此，继续爬梳抉剔，以待他日，另卷辑刊，再惠士林。

为了启示津梁，方便读者研究利用本《续编》的文献史料，我们对所录的每种典籍，一一撰写了提要，借以介绍其作者简况、主要内容、所据版本，等等。由于编者学识浅陋及时间所限，疏漏和不妥之处，在所难免。敬祈方家识者，不吝赐教，补益斧正。

全书告竣付梓之际，谨允许我代表本书的编委会向俯允为学术顾问的汪毅夫先生与孙亚夫先生、国台办两岸交流出版中心、两岸关系和平发展协同创新中心、福建师范大学两岸文化发展研究中心、厦门大学国学研究院以及为本书无私提供珍稀文献史料的公私收藏者、予以本书各种诚挚襄助的海内外各界人士，致以衷心之谢忱！如果没有他们的鼎力相助，本书的出版是断不可能的。

7

《台湾文献汇刊续编》的社会文化功能

陈支平[1]

学术研究是必须兼具社会意义和学术意义的。福建师范大学继 2004 年组织编辑出版《台湾文献汇刊》100 册之后，2016 年又编辑出版了由方宝川教授、谢必震主编的《台湾文献汇刊续编》100 册。这两套大型文献丛刊的编辑出版，正体现了学术研究的双重意义。

历史文献是文化传播的重要载体。明清以来，大陆福建、广东沿海的居民不断地向台湾移民，中华文化也随着大陆移民的进入而迅速地在台湾得以传播扎根。大量有关记述这一历史进程的文献资料，是中华文化在台湾传播的最强有力的见证。正因为如此，台湾历史文献的搜集整理，是弘扬中华文化在台湾地区的进一步传播的历史印证上，就显得尤其重要。台湾是中华人民共和国不可分割的一部分，统一台湾是全中国人民的共同心愿。然而近 30 年来，由于台湾某些别有用心的"台独分子"极力在台湾推行"文化台独"活动，在台湾问题的学术研究上蓄意割断台湾与祖国大陆的渊源联系，使得文献的正常整理研究受到了很大的阻碍，学术的研究日益出现了偏颇的"去中国化"的恶劣倾向。如目前台湾一些官方机构热衷于整理研究日据时期的日本总督府档案，热衷于解读所谓台湾社会与文化的"在地化"，鼓吹台湾区域是所谓的"南岛语族"的核心地，等等，而对于一些与大陆有联系的历史文献档案，则视而不见，严重地偏离和阻碍了学术的正常发展。

正因为如此，大陆的学界，就更有义务和责任，对于台湾少部分"台独分子"所推行的"去中国化"行径，予以坚决的抵制与反驳。《台湾文献汇刊》和《台湾文献汇刊续编》的整理出版，不但可以在学术上迅速超越台湾方面在这一领域的研究成果，在一定程度上消除台湾方面的诸多影响；更重要的是能够以扎实厚重文化积累的形式，增强包括台湾人民在内的所有中华儿女的向心力，有力的打击一小部分"台独分子"进行"文化台独"的阴谋，为祖国统一事业做出实实在在的成效。

从学术的层面上说，为了早日实现祖国统一，深入开展台湾问题研究是人文社会科学界义不容辞的神圣职责。20 年来，大陆的许多高等院校和学术单位都纷纷成立了台湾问题的研究机构，出版了为数不少的研究成果。然而，就当时台湾问题研究的文献资料整理出版现状而言，祖国大陆的研究水平尚未明显高于台湾学术界。自 20 世纪 50 年代以来，台湾地方当局及台湾银行出资组织大批文史专家，经过近 20 年的努力，搜集编辑了大型《台湾文献丛刊》，共整理出版各种文献资料 400 余种。这套文献丛刊成为迄今为止研究台湾问题最基本和最重要的资料。大陆各个主要研究机构和图书馆，大多购置了这套文献丛刊；

1　作者简介：陈支平，厦门大学国学研究院院长、教授、博士生导师；两岸关系和平发展协同创新中心首席专家，福建师范大学闽台区域研究中心学术委员会主任。

大陆学者从事台湾问题的研究，基本上引用于这套丛刊的资料。大陆学术界在台湾文献资料的整理出版上，明显滞后于台湾，从而大大削弱了我们对于台湾人民以及海外华人、海外侨胞进行文化宣传和学术影响的优势。台湾整理出版的《台湾文献丛刊》固然规模宏大，影响广泛，但是这套丛刊是极不完备的。因为这套丛刊只能网罗台湾岛内的文献资料，而不能顾及台湾之外，特别是大陆收藏的众多文献资料。大陆许多图书资料部门所收藏的有关台湾问题的文献资料十分丰富，亟待我们去搜集、整理和出版。《台湾文献汇刊》和《台湾文献汇刊续编》的整理出版，填补了大陆学术界在台湾问题研究上的这一重大空白，大陆在台湾文献整理和研究的领域，迅速赶超台湾学术界的研究水平，处于引领台湾文献整理和研究的先进水平。

台湾文献的整理和出版，犹如攀登高峰，越来越艰险困难。20世纪五六十年代台湾学术界编纂《台湾文献丛刊》时，其中的文献，各地多有收藏，搜集起来相对容易。2004年福建师范大学组织编辑《台湾文献汇刊》，凡是《台湾文献丛刊》中收入的文献，一概不再重复收入，因此，其中整理出版的文献，基本上都是平时较少为人所知的孤本、珍本、抄本及档案资料，具有很高的史料价值和研究价值。此次出版的《台湾文献汇刊续编》，又是在《台湾文献丛刊》和《台湾文献汇刊》的基础上进行搜集编纂，其艰难的程度更是不言而喻。全书分为《诗文别集》《平台抚台文献史料》《台湾舆志风俗》《公私文书民间契约》《二二八事件史料》《台湾近代教育资料》《谱牒家乘》《稀见台湾刊物汇编》等8个专辑，凡150种。内容十分丰富，史料价值极高，再次填补了有关台湾历史文献整理与研究的空白。

《台湾文献汇刊》100册和《台湾文献汇刊续编》100册的先后出版，对于深刻揭示台湾历史的发展变迁与两岸中华儿女的血缘关系，考辨海峡两岸传统文化的渊源流变，印证台湾与大陆一以贯之的文脉，增强中华民族的凝聚力和闽台文化的认同感，抢救珍稀历史文献史料，拓展台湾问题的研究视野，均具有特别重要的学术价值与现实意义。

日本藏涉闽涉台历史档案概介[*]

方宝川¹

众所周知，日本政府自明治维新之后，就致力于针对亚洲各国，尤其是针对东亚与中国的扩张政策。1879 年至 1895 年，日本在其长期的预谋与精心的策划下，先后侵吞了琉球，占据了台湾。而在整个近代史上，福建则一直是日本的势力范围。在日本政府长期的"东亚秩序圈构建"的野心与经营过程中，留下大量日本官方档案文献记录，尤其是以外务省与防卫省为多。这些日藏涉闽涉台历史档案，对于了解近代中日关系与日本侵略闽台地区的历史进程，无疑具有非常关键性的作用。

一

近年来，福建师范大学闽台区域研究中心课题组，利用频繁赴日访学的机会，在日本国立公文书馆、日本外务省外交史料馆、日本防卫省防卫研究所资料室、日本国立国会图书馆、东洋文库、东京大学史料编纂所、京都大学图书馆、琉球大学图书馆、冲绳县立公文书馆、冲绳县立图书馆、冲绳县立博物馆、冲绳国际大学南岛文化研究所等机构，发现了万余件有关涉闽涉台的珍稀历史档案史料。这批历史档案史料涉及面非常宽广、内容十分庞杂而丰富，凡涉闽台之间的政治、外交、军事、经济、文化、教育、社会、历史、地理、宗教、人口、医疗卫生等各方面的问题，几乎应有尽有。时间跨度从 1874 年日本侵台事件开始，直至 1943 年日本战败前，记录文字绝大部分为日文，少量的汉文与英文。

目前，课题组已经搜集复制到了这批日本藏涉闽涉台历史档案共 8 910 件（卷），并做了最初的整理，编制了卷宗目录（未订稿），其中：日本国立公文书馆的"福建总理答西乡总督书（英译）"至"日本驻意大利领事委任书"等 1 326 件（卷）；日本外务省外交史料馆的"各国裁判机关关系杂件之中国部分之厦门会审衙门之部"至"石川总领事给东乡外务大臣关于台北厦门定期航空的报告"等 7 166 件（卷）；日本防卫省防卫研究所资料室的"中国问题之明治三十二年一月至十二月的海军大臣官房"至"厦门鼓浪屿共同租界回收实施措施要领"等 346 件（卷）；另有的 72 件（卷）为日本国立国会图书馆、东洋文库、东京大学史料编纂所、京都大学图书馆、琉球大学图书馆、冲绳县立公文书馆、冲绳县立图书馆、冲绳县立博物馆、冲绳国际大学南岛文化研究所等零星的收藏。

从初步整理与阅读本课题组已经搜集到的这批 8 910 件（卷）的日本藏涉闽涉台历史

* 基金项目：国家社科基金重大项目"日本藏涉闽涉台历史档案的收集、整理与研究"（16ZDA127）。

1 作者简介：方宝川，福建莆田人，现为两岸协创中心福建师范大学闽台区域研究中心、两岸文化发展研究中心研究员。

档案来看，已经能颇为清晰地窥见日本军国主义者针对东亚、尤其是针对中国的侵略阴谋的筹谋、扩张政策的策划、具体侵占台湾的实施过程；日本早就觊觎福建野心的缘由与动机主要在于：一是从台湾的角度考察，福建是对台防御最重要的省份。福建与日本，无论在政治还是经济，其关系亦愈显日益频繁与重要。因此，日本为了巩固在台的殖民统治，必须进一步实现福建与台湾的一体化；二是从日本的整个"兴亚"战略考察，日本不仅要完全吞并台湾，把福建视为其囊中之物，而且还要在福建及其台湾海峡保持绝对的优先权，不准其他任何国家插足；三是日本要想进一步完全侵占中国，实现所谓的"大东亚共荣圈"，就得铸就台湾海峡这个南大门，把台湾与福建建成北进浙江、西挺江西、南下两广的重要军事物质基地。具体史料举例说明如下。

关于"《福建总理答西乡总督书（英译）》《与清国谈判须知柳员公使就关于清国总理衙门的答应书》《大隈参议给大久保参议的报告》《沈秉成就日军是否登陆台湾岛一事的咨询信》《闽浙总督部堂李给西乡中将关于台湾岛主权属于中国的通知》《番地事务局关于如何解决与满清政府相关问题提案的资料》《品川给岩仓的报告》《给大隈长官的报告》《澎湖列岛及周边岛屿纪事》"，等等，即反映了 1874 年的日本侵台事件，是日本明治维新后走上对外扩张道路的开端与试探，其后一系列的侵略活动就愈发猖獗而不可收拾，尤其是日本侵台的借口，即为台湾蕃社是"无主之地"，这同当前日本企图谋取我国领土钓鱼岛的借口如出一辙。

关于"《上海酒井高雄船长给海军大臣关于恳请外国救济福建造船所的报告》《外务大臣伯爵伊藤博文给海军大臣伯爵西乡从道关于福州马尾船政局附属船坞改建的公函》《海军大臣给高千穗舰长关于日本军舰抵达闽江等内容的文件》《高千穗舰长给福州领事、筑紫舰长关于申请尽快出兵的公函》《海军大臣给高千穗舰长关于将驻台湾的部分兵力转移到厦门的文件》《台湾总督给舰长关于占领厦门炮台计划的公函》《高千穗舰长及上野领事给海军大臣、外务大臣关于日本将派陆战队登陆厦门报告》《总督长官给高千穗舰长关于占领厦门炮台等事件的公函》《高千穗舰长给马公关于台湾军力部分入港，部分待命的报告》《总督给高千穗舰长关于台湾派兵与政府意见相违的公函》《海军大臣、陆军大臣给武井关于撤退陆战队的文件》《高千穗舰长给海军大臣、台湾总督关于李鸿章等人与日本大使会面等内容的报告》《航海长町田驹次郎给舰长斋藤实关于马尾造船厂所见的报告》《厦门领事上野专一给外务长官小村寿太郎关于日本军舰视察马尼剌战况后停留马尾的报告》《井上台北在勤海军武官给海军省军务局长关于福建省省防军改编及海军陆战队移防情况的报告》《对福建的攻势作战计划》《福建省沿岸兵要地志资料》"，等等，即则揭示了在中日甲午战争前后，日本军国主义者的情报人员，是如何密切搜集刺探闽台区域海防体系的建设、福建水师军力配置、闽台区域海军基地周围的山川形势、交通配置与海防建设的匹配能力、后勤保障体系、战时动员能力等方面的情报。

关于"《村井总领事给关于十九路军入闽、救乡联合会代表同蔡廷锴的谈话等内容的报告》《田村总领事给斋藤外务大臣关于十九路军入闽福建要人的态度及理由的报告》《三浦领事给斋藤外务大臣关于十九路军入闽、福建各方处境困难等内容的报告》《三浦领事给斋藤外务大臣关于十九路军即将到达泉州以及各军队移动情况的报告》《马要司令官给次官和次长关于十九路军有意购买武器的报告》《台湾军参谋长给参谋次长关于十九路军支援省防军的文件》《有吉公使给内田外务大臣关于陈铭枢前往新加坡商讨十九路军军费的报告》"，等等，清楚地呈现了日本各情报机构是如何重视国民革命军第十九路军的发展动态和"福建事变"对时局的影响，其中日本驻华的公使、领事都参与了情报的收集，日本在华的军队系统也有情报的来源，日本在台湾的警务部门、日本本岛的一些地方政府也都做了详细的情报工作。

关于"《福州总领事田村贞治郎给外务大臣犬养毅关于福建省内共产军近况报告的报告》《厦门领事三浦义秋给外务大臣芳泽谦吉关于共产党活动的报告》《共产党反对国民党，打倒帝国主义，建立人民政权的宣传单》《上海总领事村井仓松给外务大臣男爵芳泽谦吉关于中国共产党机关报纸〈抗争报〉的宣传记事的报告》《台湾军参谋长给参谋次长关于共军退往南靖的文件》《三浦领事给斋藤外务大臣关于共军从漳州撤退、未来动向不明的报告》《三浦领事给斋藤外务大臣关于共军忌惮政府援军，民间各团体督促军队来闽的报告》《三浦领事给斋藤外务大臣关于林寿国军队来厦以及伐共队伍之间纷争的报告》《三浦领事给斋藤外务大臣关于红军腕章样式的报告》《田村总领事给芳泽外务大臣关于汇报福建地区官员与共产军的报告》《三浦领事给芳泽外务大臣关于闽西地区共产军猖獗，张贞采取措施的报告》"，等等，也表明了日本情报机关是如何极度关注红军在福建的活动，其中包括红军攻打漳州、红军在闽西、厦门等地区的活动，同时还收集了许多红军内部的文件。

关于"《福州的经济情况》《省内经济机构》《井上台北在勤海军武官给海军省军务局长关于伴随福建独立运动的文化运动情况的报告》《台北武官情报（台海秘、昭和八年）》《平原大尉起草的关于福州情况及其相关意见》《附件第一号：宣告福建独立与袁氏断绝关系，自组政治，力策进步，请全省人民照常生活》《中央政治会议表决福建讨伐令》《因政治变革受损的补偿申请书》《三浦领事给内田外务大臣关于厦门经济陷入困境报告》《福州领事林久治郎给外务大臣内田康哉的关于在支那经济不景气对本国银行的影响情况调查报告》《与亚院经济部长给厦门联络部长官的关于厦门海关关税使用货币的报告》《福州守屋总领事给广田外务大臣的关于文化经济两委会的报告》《西泽总领事给田中外务大臣关于福州反日情况的报告》"，等等，则暴露了日本有关机构对福建的政务、经济、文化、社会概览、侨乡侨情、台湾事务等舆情的关注、搜集与报道，均有其不可告人的阴谋与目的。

二

通过以上摘录不难看到，近代台湾被割让、福建被觊觎，无不反映在这批日藏历史档案中，由日本人自己所做最原始记录的字里行间，被决定、被暴露无遗了。有鉴于此，本课题是基于搜集、整理日本藏涉闽涉台的历史档案并进行专题的深入研究，所以，相对于学术界已有的研究成果而言，所具有的独到学术价值、应用价值和社会意义如下。

首先，本选题就其史料本身的发掘、搜集与整理而言，拟在业已收集到的日本国立公文书馆、日本外务省外交史料馆、日本防卫省防卫研究所资料室等所藏 8 910 件（卷）等档案史料的基础上，再进一步从日本国立国会图书馆、东洋文库、东京大学史料编纂所、京都大学图书馆、琉球大学图书馆、冲绳县立公文书馆、冲绳县立图书馆、冲绳县立博物馆、冲绳国际大学南岛文化研究所等馆的零星收藏中，继续网罗丛残，搜集遗佚，尽最大的可能，达到对相关档案史料竭泽而渔的目的。因此，本选题不仅仅是一次全面、系统的日本藏涉闽涉台历史档案史料发掘、搜集与整理的大型文化工程，同时也是整个中国近现代史史料工程不可或缺的重要组成部分。由此可见，本选题具有发掘、搜集与整理的拓荒性大型史料工程的文化价值。

其次，本选题就其学术研究而言，能进一步立足不同史料，拓宽研究视野，加深研究层次。由于从本课题组业已收集到的 8 910 件（卷）等档案史料来看，涉及面非常宽、内容十分庞杂而丰富，闽台之间的政治、外交、军事、经济、文化、教育、社会、历史、地理、宗教、人口、医疗卫生等各方面的问题，几乎应有尽有，时间跨度从 1874 年日本侵台事件开始，直至 1943 年日本战败之前。其中本课题组拟基于内容最为丰富、事例最典型集中、研究最具价值的"1874 年日本侵台事件""近代闽台区域海防体系""十九路军与福建事变""中国共产党与在闽红军的活动情况""近代闽台舆情资料"等五大方面的原始史料，以五个子课题形式进行专题研究，势必会大大地推动与加深诸此领域的多视角、多层次的研究。

第三，本选题就其应用价值与社会意义而言，通过整理与研究当时日本军国主义者最原始的自身记录，最有力地搧了当今那些从不承认侵略行径、从不为侵略战争道歉、从不反省侵略历史的日本右翼分子及其军国主义复活者一记十分响亮的耳光！从而更是达到了揭穿日本军国主义者及其右翼势力的丑恶面目，也更能为当今中日关系外交政策的制定与走向，提供弥足珍贵的历史规律与经验教训。同时，在当今的台湾社会中"亲日""媚日"的心态，愈加凸显。这种变态的"日本情结"，终将导致台湾迷失了自己的归属！台湾曾身处日本殖民统治长达半个世纪之久，然而台湾民进党等"台独分子"及其"亲日""媚日"者，竟然不承认是"日据"，而说是"日治"。其数典忘祖、寡廉鲜耻到如此之程度，真是令人发指，愧对抗日英烈之至极！从初步整理与阅读本课题组已经搜集到的这批 8 910 件（卷）的日本藏涉闽涉台历史档案来看，已经能颇为清晰地窥见日本军国主义者针对东亚，尤其是针对中国的侵略阴谋的筹谋、扩张政策的策划、具体抢占台湾实施的过程，以及日本早就觊觎福建野心的缘由与动机。而本课题所涉及的台湾被割让、福建被觊觎等铁的史实，就在这批日藏历史档案中，由日本人自己所做最原始记录的字里行间被暴露无遗了。因此，本课题也是反制"台独分子"卖国分裂行径与"亲日""媚日"心态的重磅一拳！

总而言之，本选题的确既有发掘、搜集与整理日本藏涉闽涉台历史档案的拓荒性大型史料工程价值；又有推动与加深对"1874 年日本侵台事件""近代闽台区域海防体系""十九路军与福建事变""中国共产党与在闽红军的活动情况""近代闽台舆情资料"等五大近现代重要历史事件多视角、多层次专题研究的重要学术价值；更具有揭穿日本军国主义者及其右翼势力的丑恶面目，为当今中日关系外交政策的制定与走向提供有益的历史规律与经验教训的现实借鉴作用，以及达到反制"台独分子"卖国分裂行径与"亲日"、"媚日"心态的特别重大的应用价值和社会意义。

<h2 style="text-align:center">三</h2>

对于这批日本藏涉闽涉台历史档案的整理与研究，乃拟基于历史学、古典文献学、档案学等学科领域的理论，采用以下具体的研究方法。

1. 研究方法与原则

（1）本课题所依据这批日本藏涉闽涉台的历史档案，绝大部分均以日文记录，且在书写格式上，还有少量的古日文、草书体。因此，做出认真严谨、可信达旨的日文汉译工作，是其最首要的前提。唯有如此，才能在完全忠实于原始史料的基础上，十分精准地解读出每一条史料的真实内容与文献价值。否则，一切的研究结果都将是无稽之谈，不足以服人！

（2）本着最大限度地保持史料的原貌，客观如实地解读史料原意的宗旨，必须在严格遵循陈垣先生所总结的"对校、本校、他校、理校"等"校勘四例"经典范式的基础上，进而比勘同异、补漏阙疑、考定是非、辨析入理、去伪存真、求证入微、类次归属、撰写书录。由于本选题依据的资料，大都是刚解密不久的档案史料，概无其他的副本，也就更无刊本而言了，所以在具体校勘整理与解读研究的过程，并无"对校"之异本，而"他校"亦仅尽可能地以其他已面世的同类或相关相近的文献史料作为一种参照，从而多侧面地显现与印证本选题所据这批日本藏涉闽涉台历史档案不可替代的珍稀文献史料与学术研究的重大价值。

（3）在完成本课题所有的资料搜集、分类归属、翻译校勘、解读分析的基础上，就所列的"1874年日本侵台事件""近代闽台区域海防体系""十九路军与福建事变""中国共产党与在闽红军的活动情况""近代闽台舆情资料分析"等五个子课题进行深入的专题研究，同时厘清各子课题与总课题之间的合式逻辑关系，实现最佳的整体性宏观把握，也因而要求各子课题的具体研究方法必须与总课题的研究方法保持一致。

2. 研究手段和技术路线

本课题本着历史学、古典文献学、档案学等交叉学科的特点及其各学科自身的研究方法，在具体研究手段上，基于总课题的总任务与总目标，每个子课题都围绕其各自的资料收集与整理、重点研究的专题，以实事求是的态度，整理翻译、细心考订、解读辨析、探赜索隐、深入研究。同时，在诸多的问题上采取理论与实际相结合的办法，从理论的高度看问题，从具体的史实来分析问题，从历史到现实的思辨，从现实到历史的参鉴。既可为学术界提供全面系统、可征可信的相关研究史料，又展示了新的探索路向与研究成果。

本课题拟采用的具体技术路线总体上为：

史料收集—课题设计—选题论证—梳理史料—分类归属—编制目录—翻译校订—钩玄提要—覼缕成帙—解读辨析—专题研究—撰写论文—学术研讨—专家审定—修订书稿—结题出版

具体在"史料整理汇编"部分的技术步骤：

（1）力求全面编辑日本藏涉闽涉台历史档案史料，每条史料均注明原收藏机构，若同一内容且连续排列在同一处的史料，可视为同一组，则在该组的最后一条注明出处。

（2）汇编之档案史料，一律以编年为纲，公元纪年为序，按年、月、日依次编排，并在括号内标注相应的中国纪年，以便读者阅读对照；若仅有年、月而无具体日期者，一律排在同月之后；只有年而无月与日者，则一律排在同年之末。

（3）所编录的档案史料，旨在最大限度地揭示所录史料之原貌，一般均按原文照录翻译，少数因内容过多重复及与主题无关者，则酌加删节。

（4）本书以"按语"的形式，考述所录史料的内容要旨、真伪、作者简况，并阐述史料之价值。

（5）所录之史料，原则上以一篇文档为一题；凡同属一史事、在同一时间、同一作者、彼此又有直接联系的文件，则适当考虑组合成一事一题，并作统一的按语，以节省篇幅。

（6）所录之史料，凡遇有残缺或字迹模糊无法辨认者，以□代替一字，依数标出；无从计数者，用文字加以说明；凡原底本中的双行夹注，则一概改为括号内排印；错讹衍脱字的校勘及简单注释，均在正文之内以〔 〕标明，较长的注释则用脚注；增补的字以【 】标明，删节以〔上略〕、〔中略〕、〔下略〕标明，难以查考存疑者以〔？〕标明。

具体在"史料专题研究"部分的技术步骤：总课题先以每子题的史料专题研究为"章"，各子课题的专题论文为"节"，再首列"导论"，末附"结语"（或"余论"）及主要参考文献、档案索引等。

结　语

综上所述，本研究立足业已收集到的、以日文为主记录的 8 910 件（卷）日本藏涉闽涉台档案史料，并做出了最初的整理，编制了卷宗目录（未订稿）的基础上，再尽最大努力完成对已知的日本各大机构所收藏的所有涉闽涉台珍稀历史档案史料，做进一步的网罗丛残工作，以体现其历史档案史料的全面性与系统性。同时，对其所搜集到的所有涉闽涉台珍稀历史档案史料进行全面细致的整理、翻译、考辨、揭示、解读。再根据日本人自己所做最原始记录的字里行间，与中国大陆及台湾地区已面世的同类或相关相近的文献史料做出比较，展开全方位的史料价值与历史专题的研究，用以阐述近代以来日本为了其扩张侵略而采取的收集情报途径与方法，厘清日据台湾前后的若干重要史事，认识日本对华政策制定过程及其演变态势的历史缘由，考论近代闽台区域海防体系的得失，探讨日本各情报机构如何重视十九路军的发展动态和"福建事变"对时局的影响，评析日本情报机构对20 世纪 30 年代前后中国共产党与在闽红军的活动情况及其与当时福建政局的关系等情报的收集与刺探，以及揭露日本当局关注当时闽台舆情的真实野心与目的，从而为拓宽与丰富中日历史关系研究的学术视野与成果，提供新的史料基础，达到用日本人的资料来揭穿日本军国主义者及其右翼势力的丑恶面目、反制"台独分子"卖国分裂行径与亲日媚日心态等目的。也可为当今中日关系外交政策的制定与走向，提供十分重要的历史规律与经验教训的现实借鉴作用。

新编地方志书与海疆史料的运用*

徐 斌 许 可[1]

【摘要】 中国方志编纂具有官方文件的性质，十分重要。以往的志书对于东海、南海的疆域表述，受历史条件的局限，缺漏甚多。新编地方志书应该将古人缺漏的海疆历史资料，譬如钓鱼岛与南海岛屿等史料，客观如实地补充完善，以利于我国的对外斗争。

【关键词】 地方志书 海疆史料 运用

地方志书是关于我国地区历史和现状的科学论述，是我国地情、国情的重要载体，有人称之为一方的百科全书，具有"资治、存史、教育"的作用，也就是说对于各级政府的科学决策，对于一个地区的历史文化的传承、对于社会教育、科学研究等都有着极其重要的作用。

我国编修地方志书的历史由来已久，秦汉缘起，地志、地记出现。隋唐以志、记为名的方志书也发展起来。宋代的方志成为史学的一个分支。到了明代，全国有一统志，各省有通志，省以下有府志、州志、县志、亦多次编修。有清一代，方志编纂不但种类齐全、数量繁多，而且在体例和内容方面也更加完备。民国地方志书的编纂，虽沿袭旧志，但也出现新的内容。

中国的地方志书，通常由政府组织编修。一些专门的志书，譬如村镇乡土志、名山大川志、宫庙志等，多由民间组织乡绅名人、社会贤达编纂。地方志书续修通常都是在旧志的基础上，略作修订，补上旧志与续修志书相差年代的内容。地方志书内容广泛，涉及地方的政治、地理、历史、经济、文化等方面的内容。20世纪80年代以后，中国地方志书编纂工作隶属于国务院的中国地方志指导小组领导，是一项极其严肃的工作。然而回顾新中国的地方志书编修工作，亦有重要的缺憾。这就是未能在旧志编纂的基础上，重视我国疆域历史资料的补充与完善。本文试图通过对地方志书编纂中遗漏我国重要海疆史料这一问题的历史原因和现实做一客观的分析，冀望对新修地方志书有一定的帮助。

---

* 基金项目：本文系2016年国家社科基金项目"地方史志编纂与中国涉海主权诸问题研究"（16BDJ010）的阶段性研究成果。

1 作者简介：徐斌（1968—），男，福建闽侯人，福建师范大学闽台区域研究中心副研究员，历史学博士，主要研究方向：中琉关系、闽台区域文化；许可（1984—），女，福建福州人，福建师范大学外国语学院讲师、社会历史学院博士研究生，主要研究方向：中琉关系、闽台关系史。

一、丰富的海疆史料未能编入地方志书

近年来，中国与周边国家关于海洋主权、管辖权和相关权益的争议十分突出，弄清楚领海主权的归属，历史证据和法理依据就显得非常重要，恰好中国古籍文献中大量的海疆史料能够说明这一问题。以中日钓鱼岛问题之争来看，中国的古籍文献中有许多关于钓鱼岛主权属于中国的资料，譬如：《顺风相送》的针路簿、明清历朝册封琉球的各种"使录"，诸如陈侃的《使琉球录》、郭汝霖的《重编使琉球录》、萧崇业的《使琉球录》、夏子阳的《使琉球录》、张学礼的《使琉球记》与《中山纪略》、汪楫的《使琉球杂录》、徐葆光的《中山传信录》、周煌的《琉球国志略》、李鼎元的《使琉球记》、齐鲲的《续琉球国志略》、赵新的《续琉球国志略》等都有钓鱼岛的记述。此外，地方官府组织编写的海防图集，朝廷组织绘制的各类舆图，等等，都详细记述了钓鱼岛的地理位置与主权所属，今略举一二。

现收藏在英国牛津大学鲍德林图书馆的《顺风相送》针路簿，是历史文献中最早记载钓鱼岛的。《顺风相送》是宋元时期中国舟师根据长期的航海经验积累编写的一部海道针经。明代永乐年间（1403—1424年）中国官员再根据下西洋的航海实践，累次校正古本传抄。我们今天能看到的《顺风相送》原本，是明代万历年间的传抄本。其中钓鱼岛及其附属岛屿的名称出现在"福建往琉球"的针路上，其记载如下：

福建往琉球

太武放洋，用甲寅针，七更，船取乌丘。用甲寅并甲卯针，正南东墙开洋，用乙辰取小琉球头。又用乙辰，取木山。北风，东涌开洋，用甲卯，取彭家山。用甲卯及单卯，取钓鱼屿。南风，东涌放洋，用乙辰针取小琉球头，至彭家、花瓶屿在内。正南风，梅花开洋，用乙辰针，取小琉球。用单乙，取钓鱼屿南边，用卯针，取赤坎屿，用艮针，取枯美山，南风，用单辰四更，看好风，单甲十一更取古巴山（即马齿山是麻山）、赤屿，用甲卯针，取琉球国为妙。①

又如明嘉靖年间出使琉球的正使陈侃就撰有《使琉球录》，该书对中琉航路中所见所闻各方面事相进行了细致描述，并对于钓鱼岛及其附属岛屿隶属于中国领土的情况做了记录："十日，南风甚迅，舟行如飞；然顺流而下，亦不甚动。过平嘉山、过钓鱼屿、过黄毛屿、过赤屿，目不暇接，一昼夜兼三日之程；夷舟帆小，不能及，相失在后。十一日夕，见古米山，乃属琉球者；夷人鼓舞于舟，喜达于家。"② 这段文字明确地指出到了古米山才属于琉球，这是钓鱼岛属于中国领土的有力证据。

明嘉靖年间出使琉球的郭汝霖撰有《重编使琉球录》一书，书中就明确地记述了中国与琉球王国的分界，据该书"使事记"中记载："二十八日祭海，登舟，别三司诸君。二十九日至梅花开洋，幸值西南风大旺，瞬目千里，长史梁炫舟在后不能及。过东涌小琉球，

---

① （明）佚名著：《顺风相送》，（此书为向达校注本，据英国牛津大学鲍德林图书馆藏本抄出，与《指南正法》合编为《两种海道针经》），北京：中华书局，1982年。

② （明）陈侃著：《记录汇编·使琉球录》卷66，载《国家图书馆藏琉球资料汇编》上册，北京：北京图书馆出版社，2000年，第13页。

三十日过黄茅，闰五月初一日过钓鱼屿，初三日至赤屿焉。赤屿者，界琉球地方山也。再一日之风，即可望姑米山矣"①。这里明确地标注中琉地方分界之处，即赤尾屿（赤屿），以西（包括赤尾屿周围）属于中国，以东才是属于琉球的。钓鱼岛在中国国界内，一目了然。

清代康熙年间出使琉球的副使徐葆光撰有《中山传信录》，徐葆光在册封琉球后候风回国期间，曾与琉球士大夫共同勘测了琉球全图，提出"姑米山是琉球西南方界上镇山"②的权威论断。

当然，类似的古籍文献还有许多，明代胡宗宪主编的《筹海图编》③，清代胡林翼主编的《皇朝中外一统舆地总图》④ 等，都有关于中国与琉球疆界之分，钓鱼岛属于中国的历史证据。不言而喻，将这些资料补充到我国诸种地方志书中不仅十分重要，而且也是非常必要的。

又如南海方面的资料，我们知道东汉时就有杨孚的《异物志》，书中记有"涨海崎头，水浅而多磁石"的记载。据今考证，"涨海"即南海，"崎头"则是对包括西沙群岛和南沙群岛在内的南海诸岛的总称。三国时期，朱应、康泰出使扶南，留有《扶南传》，书中多处提到了南沙群岛。唐宋时期的古籍文献，关于南海记述的史料比比皆是。诸如"九乳螺洲""石塘""长沙""千里石塘""千里长沙""万里石塘""万里长沙"等记述十分常见。据统计，自宋元以来，中国关于南海诸岛的书籍多达上百种。尤其在元代，汪大渊所著《岛夷志略》对南海的记述尤为具体，其记有"万里石塘"，书曰："石塘之骨，由潮州而生，迤逦如长蛇，横亘海中，越海诸国，俗云万里石塘。以余推之，岂止万里而已哉！舶由玳屿门，挂四帆，乘风破浪，海上若飞。至西洋或百日之外，以一日一夜行百里计之，万里曾不足，故源其地脉，历历可考。一脉至爪哇，一脉至渤泥及古里地闷，一脉至西洋，极昆仑之地"⑤。

由此可见，中国关于海疆资料的古籍文献，卷帙浩繁，汗牛充栋，然而这些珍贵的海疆史料，古人在编修地方志书时都未曾充分运用，这其中的原因是值得我们探讨的。

二、古人修志遗漏海疆史料的原因分析

我们知道历代地方志书的编修都是在旧志的基础上，补充完善后世的内容，同时也对

---

① （明）郭汝霖著：《重编使琉球录》上，明嘉靖辛酉刻本影印本，美国国会图书馆藏，第22页。

② （清）徐葆光著：《中山传信录》卷一，载《国家图书馆藏琉球资料汇编》中册，北京图书馆出版社，2000年，第12页。

③ 《筹海图编》成书于明嘉靖四十一年（1562年），全书共13卷，是一部系统介绍海防的经世之作，是明代海防和边疆史地研究的集大成之作。《筹海图编》由明中叶驻防闽浙东南沿海最高将领胡宗宪主持、著名布衣军事家郑若曾辑纂。该《福建沿海山沙图》收录于《筹海图编》卷之一。图中在中国的海防区域内明确标绘了钓鱼屿、黄尾屿和赤屿等中国岛屿，是中国政府对钓鱼岛实行有效管辖的有力证明。

④ 《皇朝中外一统舆地总图》是清代地方大员胡林翼在湖北巡署任内，组织邹世诒、晏启镇绘制，后于同治二年（1863年）刊行。是图吸收了《皇舆全览图》《乾隆内府舆图》的精华，同时也参照了李兆洛的《皇朝一统舆地全图》的画法。是图范围广阔，北抵北冰洋，西至里海，东达日本，南及越南，尤其在台湾诸岛与琉球国交界处，非常明确地注明，姑米山才是琉球所属，钓鱼岛、黄尾屿、赤尾屿等皆中国所属。

⑤ （元）汪大渊著：《岛夷志略》（原名《岛夷志》），载《文渊阁四库全书》史部352·地理类，台湾商务印书馆，1986年，第594—596页。

以往地方志书内容略加补充订正。但是，古人由于受历史条件的限制，编修志书存在着许多未能尽美尽善的地方，尤其在我国疆域的表述方面多有疏漏。其中的原因是多方面的。譬如编修者的学识、关键史料尚未公开、公开的史料尚未利用等都可以造成这些疏漏。

1. 编修者的地域局限和时代局限

我们知道，古代中国地方志书的编纂，主要由各个地方政府主导，所以地方志书编纂就受到地域性的限制和影响。地方志书的编纂者们，就很难从国家疆域、海岛权益、边界划分等领土主权的角度去考虑。各地政府官员也没有这方面的意识和义务，所以，由地方政府主导的地方志书就不会涉及这些海疆史料。这是客观地域观念的局限。另一种局限是时代的局限，这主要是中国古代传统的社会意识的影响。古代中国，"溥天之下，莫属王土"的观念深入人心，人们对国土疆域的淡漠，尤其是面对一望无垠的海域，那是天然的屏障，长期以来，让人们不可能产生海疆国土的概念，因此，地方志书编纂者的意识中就不可能有海洋疆界的意识，地方志书没有收录海疆资料应在情理之中了。

2. 地方志书编纂者的学识与志趣的缘故

客观地说，地方志书的编纂与编修者的学识志趣有很大的关系。以道光《重纂福建通志》为例，该志记有钓鱼岛史料，一般被认为是中国政府对钓鱼岛行使管辖权的重要证据，但却仅有寥寥几句"后山大洋北有钓鱼台，港深可泊大船千艘，崇爻之薛坡兰，可进杉板船"①。这对于管辖台湾及所有附属各岛屿之福建省的地方官方权威文献，显然是不够的。该志作为省一级的大部头志书，期间却经历了主编修官更迭的学案，而官员对修志的不同态度，则深刻体现了古代官员海洋意识的分野与迷失。原来的主修官陈寿祺可以称得上较为重视海洋的人士，在他主政下，《通志》对于山川地理较为重视，陈寿祺认为"地理则山川、关隘、海防、水利宜详毋略，虽岛澳而考稽必审"②。故而一反旧志山川仅载名胜的做法，改为形胜，"重其要害，详其扼险，考其支流，略其吟眺，"③ 使之更趋实用。但其后掌权编修主导的梁章钜派却指摘其"山川太繁"，所以后来在修订过程中，这些部分都被大幅删减。这不能不说是福建修志史上的一大遗憾。负责主修志书的官员意识尚且如此，更遑论一般的平民百姓了。

3. 历史上实行禁海政策的缘故

诚如海洋史研究专家杨国桢教授所言："封建王朝对海洋的漠视，特别是自明代官方从海洋退缩，实行严厉的海禁政策以后，从事海洋活动被视为'交通外国'，出国逾期不归或移民更是背叛国家的'奸民''弃民'。官方的海洋活动，在郑和下西洋之后，被看作是于国家无益的秕政而废止。为了杜绝后代帝王兴起经略海洋的念头，连郑和的航海档案也一并烧毁，'以拔其根'。向外用力的海洋文明社会实践，被排拒而转化为体制外的循环。客

---

① （清）陈寿祺总纂：《重纂福建通志》卷86，《海防·各县冲要·台湾府·噶玛兰厅》。
② （清）陈寿祺著：《檄福建郡邑采访通志事实（代）》，载《左海全集·文集》卷三，清道光年间陈氏刻本，第64页。
③ （清）林昌彝著：《射鹰楼诗话》卷三，清咸丰元年刻本，第14–15页。

观的政治背景，造成海洋史料的大量遗失，更加强了传统史学的海洋迷失。"①地方志书编撰何尝不是如此？海洋在传统精英文化、主流文化中没有地位，又使大量的海洋人文信息失去了历史的记忆，或残存某些记忆的碎片。编志者主客观条件的双双缺位，直接导致了地方志书中有关海疆史料十分匮乏。

明清时期，中国实行禁海政策，在时代的大环境背景下，许多涉海的资料都被销毁，因此，各地编写地方志书者无法接触到海疆史料。相当一段时间，即便有许多朝廷命官出使海外，他们撰写的使事记录，留有许多的海疆史料，也是被尘封于世，不可能为地方志书编纂者所利用。

4. 囿于地方志书编写体例的缘故

随着时间的推移，随着海禁政策的变化，许多尘封的海疆史料早已公布于世，尽管编纂志书者可以接触到这些珍贵的海疆史料，但长期以来人们形成的地方志书编修的惯例，编写旧志至续修的历史时段之内容，成为续修的主要工作。因此，人们新编地方志书基本延续旧志的内容，很少突破这些体例与内容。可以说，自改革开放以来，地方志书的编纂工作，基本也是因袭过去的修志观念和方法，在完善补充旧的地方志书时，并没有合理地运用海疆史料。

三、新时期编修志书应充分运用海疆史料

从古代延续而来的中国地方志书，显然有着历史的缺陷。这种地方志书缺乏历代中国海疆史料的现象在今天的志书编纂的工作中应该得到纠正。因此，我们在新编志书时非常有必要，有意识地加以补充完善。在志书相应朝代的山川、舆地、星野、海防、疆域、艺文、人物等篇目中，应该尽可能将同时期的海疆史料，一字不漏地编写到志书中，这是客观地反映历史，而不是篡改历史。

譬如明代"福建通琉球"的历史资料，涉及钓鱼岛主权的史料，就应该在《福州志》《泉州志》《漳州志》《福建通志》等相关章节补充完整。凡涉及南海疆域，相关的海疆史料就应该编入《广东通志》《海南志》《三沙志》等地方志书中。

如清朝乾隆时期郝玉麟主编的《福建通志》，卷五《疆域》，对福州府的舆地是这样描述的：

福州府在布政司治所，东抵大海岸一百九十里，西抵延平府南平县界二百五十里，南抵兴化府莆田县界二百三十里，北抵建宁府政和县界四百里，东北抵福宁府界二百一十里，东西广四百四十里，南北袤四百四十五里。

其时，关于福州府东抵大海的史料已非常丰富了，明朝许多的航海记述已提到距福州990里的赤屿就是中国与琉球的边界。如康熙年间使琉球的汪楫在其《使琉球杂录》卷五记述，"二十五日见山，应先黄尾屿，后赤屿，无何遂至赤屿，未觉黄尾屿也，薄暮过郊（或作沟）风涛大作，投生猪羊各一泼五斗米粥纸船，鸣钲击鼓，诸军皆甲露刃俯舷作御敌

① 杨国桢：《海洋迷失：中国史的一个误区》，《东南学术》，1994年第4期，第30–31页。

状，久之姑息，问郊之义何取，曰中外之界也"①。从汪楫的记述中我们知道，从福州向琉球国航行，一直到赤屿后，就开始过"郊"了。实际上就是过"黑水沟"，黑水沟是"中外之界"。这一点在明嘉靖年间出使琉球正使郭汝霖的《重编使琉球录》中也得到印证，郭汝霖亦说，"赤坎，界琉球地方山也"。显而易见，福州府东抵的海界应该是赤屿，即赤尾屿。懂的这些海疆史料，我们就可以在新编方志时将地方志书关于福州府疆域的四至加以补充、改写。如清朝郝玉麟主编《福建通志》卷五，疆域，原句的"福州府在布政司治所，东抵大海岸一百九十里，"应改为"福州府在布政司治所，东抵赤尾屿九百九十里"。虽将地方志书略改这么几个字，其意义非凡。

地方志书有许多的内容，其中关于"艺文"的记述也是十分丰富的。譬如《福建通志》收录的艺文，有蔡襄的《荔枝谱》《茶录》；曾巩的《祷雨文》；朱熹的《同安县谕学者文》；李廷机的《盐政考》；郑若曾的《福建防海事宜》等，艺文也收录了福建名人的许多诗文。

清嘉庆十三年（1808年），齐鲲出使琉球。齐鲲，字腾霄，又字北瀛。福建侯官人（今福州）。嘉庆六年（1801年）进士。十三年，以翰林院编修充册封琉球王国正使，奉命出使琉球。齐鲲将赴琉球册封的沿途见闻，航海过程及在琉球的活动等记述在他的诗集《东瀛百咏》中。诗集航海八咏中有"钓鱼台""赤尾屿"等诗歌，是作者航经钓鱼岛、赤尾屿时所作。齐鲲在"姑米山"一诗的标题旁注"此山入琉球界"以及诗歌结句的"到此即乡关（舟中有接封球官望山喜跃）"，更是清楚地说明了，姑米山是中国与琉球国的分界，琉球人将姑米山比作家乡的"边关"。其诗歌如下：

钓鱼台

　　钓鳌人已往，但见钓鱼台。绝岛重重峙，沧波滚滚来。谁邀湖海侣，独占水云限。应笑披裘者，登临亦小哉。

赤尾屿

　　赤尾连黄尾，参差岛屿分。颒鱼身半露，红日焰如焚。跳跃龙门浪，吹嘘蜃市云。夹舟有神助，三两自成群。（是日有大鱼随舟而行）

姑米山（此山入琉球界）

　　忽观流虹状，西来第一山。半天峰断续，八领路回环。海雾微茫里，船风瞬息间。球人欣指点，到此即乡关。（舟中有接封球官望山喜跃）②。

像这样富有历史意义的诗文，应该好好地收入《福建通志》的艺文卷，人们在欣赏古人的诗句中，亦能了解古人对海域疆界的认知。

我们还应该挖掘历史上十分重要但却濒临消失的航海文献与涉海遗迹，开拓方志编撰

---

① （清）汪楫著：《使琉球杂录》卷五，清康熙二十三年刊本，载《国家图书馆藏琉球资料汇编》上册，北京：北京图书馆出版社，2000年，第800-801页。

② （清）齐鲲著：《东瀛百咏》，清嘉庆十三年刊本，载《国家图书馆藏琉球资料三编》上册，北京图书馆出版社，2006年，第323-324页。

的史料来源。在这方面，对中国古人航海针路簿（更路簿）的抢救性发掘和利用，无疑是较具代表性的案例。近年来对东海和南海海域针路簿的关注和挖掘收集，是从事海洋史研究的学者们的重要工作内容，也对当下方志编纂如何增加、补充这些濒临消亡的海洋文献内容，赋予了思考和借鉴意义。

针路簿是指中国古代航海中记录罗经（即罗盘）针位之书，也被称作针经、针本或针谱。因其在海道中专用，故也被称为海道针经。后来，针经中增加了记录里程数的"更"，于是有"更路簿"之名。实际上，无论是针路簿或更路簿，都是古代人航海指南的工具书，是走海者长期航海历史经验累积的结果，是重要的非物质文化遗产。随着科技的进步，留存于世的针路簿几乎不再被使用，已经濒临消亡的境地，有重要的抢救和保护价值。目前，国内学者积极开展对针路簿和更路簿的学术研究、田野调查与挖掘保护，取得了一定的成效①。

实际上，针路簿不仅反映着古人航海的经验和智慧，这些内容也多有反映古代中外的海洋界限，关涉海界、海疆等海洋权益性的问题。例如，前述《顺风相送》《指南广义》《指南正法》等海道针经的内容，就记录了东南沿海通往海外诸国的航海路线与针路概况，这些内容清晰地反映了中国与海外的海洋界限，充满了浓厚的海疆意识与内涵，完全可以作为今后地方志编修的基础性史料，编补进入新编各地方志当中。又如，近年来在维护南海海洋权益方面，更路簿也发挥着积极的作用，诚如中国社科院中国边疆研究所李国强研究员所言："《更路簿》兼具文物价值、文献价值、理论研究价值以及南海维权价值。基于多种要素的叠加，《更路簿》在历史和现实之间架起了一座桥梁，它不仅是中华海洋文化中一个具有鲜明个性的文化形态，而且为维护我国南海海洋权益提供了确凿的历史证据"②。如《顺风相送》"福建往琉球"的针路，就有"太武放洋，用甲寅针，七更，船取乌丘……用甲卯，取彭家山。用甲卯及单卯，取钓鱼屿……正南风，用乙辰针，取小琉球……"因此，我们在编修《泉州市志》时就可以增补"太武放洋"泉州往琉球的航路；编《连江县志》时，我们就可以将"东涌开洋"往钓鱼岛方向航行的史实编入志书；编《长乐市志》时，我们就可以将"梅花开洋"往钓鱼岛的内容编入《长乐县志》。这样，在编纂地方志书时增进更路簿的内容，一方面丰富海洋文献和海洋史研究内涵；另一方面为国家维护南海主权权益提供资料证据和智力支持。

将海疆史料编入地方志书，我们还可以通过撰写专题性地方志书来实现。比如我们可以根据古人对海疆的认知资料编写《福建海疆志》《福建海防志》《台湾海疆志》《台湾海防志》《三沙海疆志》，等等。将各种类别的、零散的海疆史料整合到一个有机的整体当中，便于读者查检和使用。

例如，随着近年来学者愈益重视对散落在海外的中国海疆文献进行爬梳和整理，越来

① 这方面代表性研究成果有刘义杰：《〈更路簿〉研究综述》，《南海学刊》，2017年第1期，第9-21页；《针路簿概说》，载李庆新、胡波主编：《东亚海域交流与南中国海洋开发》（上），北京：科学出版社，2017年，第23页；周伟民："更路簿形成、盛行和衰亡的年代及其性质、用途"，《海南大学学报》（人文社会科学版），2015年第2期，第34-41页。近年来，海南大学积极召开以南海、东海更路簿为主题的学术研讨会，使越来越多学者聚焦关注这一领域，海南大学还成立"更路簿研究中心"，对这类航海文献进行专门性的挖掘、整理和研究。
② 李国强：《〈更路簿〉研究评述及创建"更路簿学"初探》，《南海学刊》，2017年第1期，第5-8页。

越多这类的文献被公诸于世，成为学者们研究海洋史的热门材料。如最近颇受关注的《明末东西洋航海图》①《古今形胜之图》《大明舆地图》《坤舆万国全图》及各类西方人编制的东亚海图或中国地图，等等，其中蕴含了丰富的海疆海界资料信息，可以作为海洋史料有益的补充。我们可以将其中海域海疆的图文，做专门的解读，打造东海、南海区域的海疆志书的内容模块，最后再将这一个个的模块拼接成一幅完整的海疆地志。

又如，在传统的地方志书编写体例中，有关海洋政策、海洋物产、海疆海防等部分，都分散于政事卷、物产卷或海防卷、人物卷等当中，比较不容易形成一个有机的整体。在当下地方志编修可以打破这道藩篱，将这些涉海的内容整合在一起，编撰专门的"海疆志"，也要有别于学术化的涉海的历史著作，采用横排竖写的方式，尽量突出地方志书的史料和证据价值，为现实当中国家维护海洋权益和涉海主权等核心利益服务。

当然，编修志书除了需遵循一定的规范和体例，新时代也可以有所创新，将一些外文的关涉中国海疆海权的资料专门编排，作为专题式海疆志的海外文献篇或基础性写作资料等。凡此种种，不一而足。

四、结语

当前，海洋史研究方兴未艾。中国正在朝建设"海洋强国"的战略方向发展。新时代的情势下，对新时期涉海地区的方志编修如何处理好增补、完善海疆史料内容，以及科学编排和协调编修体例等，都提出了很高的要求和迫切的需要。由此可见，精心编修完备的志书，不仅仅修订了志书的缺失，更重要的是能充分发挥我国史书资料的作用，这将为后来者的对外斗争夯实历史的基础。新编的、内容客观完备的志书，必将在一百年后、一千年后，充分体现它的历史作用，在对外领土争端的斗争中出奇制胜，这是预料之中的事，我们何乐而不为呢？

---

① 该图通常也被称作"雪尔登中国地图"或"塞尔登中国地图"，相关研究概况可见龚缨晏、许俊琳：《〈雪尔登中国地图〉的发现与研究》，载李庆新、胡波主编：《东亚海域交流与南中国海洋开发》（上），北京：科学出版社，2017年，第116页。另见［加］卜正民（Timothy Brook）著，刘丽洁译：《塞尔登的中国地图》，北京：中信出版社，2015年。

近代西方文献中的台湾社会初探[*]

近代西方文献中的台湾社会初探[*]

杜慧英   吴巍巍[1]

【摘要】   近代台湾开埠后，西方人接踵前往台湾开展多领域的活动，留下记述台湾社会的大量西文文献。通过搜集与爬梳这些近代西方人对台湾社会进行介绍与报道的著述文献资料，综合运用历史学、人类学、东方学等多学科的理论与方法，可以多维立体地呈现近代西方人眼中的台湾社会文化图景与形象。本文从地理环境、汉人社会、少数民族三个方面来探讨西方文献中的近代台湾社会形态。本文还从"他者"的理论建构探讨近代西方人在书写台湾时的话语霸权，并分析西方人著述及相关文献资料的文献价值。最后，本文认为由于受西方话语霸权控制，近代西方人眼中的台湾社会，总体上呈现的是一种贫穷、落后、愚昧、野蛮的社会图景。

【关键词】   近代   西方文献   台湾社会

近代以来，随着西方坚船利炮敲开中国的大门，台湾也开始受到越来越多西方人的关注。本文以近代西方人关于台湾的著述为主要材料，探索近代西方人眼中的台湾社会之形态。目前，学术界对西方人眼中的台湾社会的研究相对薄弱。对近代西方人眼中的台湾社会这一课题进行系统、专门研究，是一项颇有意义与价值的工作。近代以来，大量西方人来到台湾，这些人中有传教士、旅行者、商人、外交官等人物，这些入台的西方人用异域人的眼光打量台湾及其生活在这里的人们，写下了大量关于台湾各方面的著述，留下了对于台湾社会的形形色色的观感和评论研究。在对台湾历史研究、文化交流等方面，这些著述有着丰富的内容及很大的史学研究价值。

一、近代西方文献中的台湾自然环境

近代入台的西方人，他们来到台湾首先看到的是台湾自然环境，能最直接看到、最客观感受到的也是自然环境。他们将自己直接看到的自然环境客观地记录在笔下，形成他们对台湾自然环境的看法，并向西方人传播。

---

* 基金项目：2018 年度国家社科基金冷门"绝学"研究专项项目"台湾古建装饰艺术的抢救、保护与传承研究"（2018VJX061）阶段性成果。

1 作者简介：杜慧英，女，江西赣州人，福建师范大学闽台区域研究中心硕士；吴巍巍，男，福建顺昌人，历史学博士，两岸协创中心福建师范大学闽台区域研究中心研究员。

（一）台湾的地理环境

1. 地理位置与地形

了解台湾的地理位置与地形，是西方人了解台湾的第一步，为西方人收集台湾的情报打下了基础。因此，在西方人的著述中可以看到许多关于台湾地理的记录。爱沙尼亚人伊比斯（Paul Ibis）参加了沙皇俄国的海军，于 1874 年 12 月随海军到达香港，之后的两个月里，他前往台湾考察，对于台湾的地形，他做了如下记录："福尔摩沙的纬度为北纬 21°55′到 25°18′5″，经度为东经 120°8′到 122°。面积大约为 10 600 平方英里。虽然离中国本土只有 20 海里到 100 海里，但是在地理结构与动植物群上，却跟大陆有相当大的差异，反而是跟菲律宾群岛比较类似。福尔摩沙岛的形成，与菲律宾群岛一样，是纯火山地形的。中央部分为高峻陡峭的山脉，有海拔 11 000 英尺到 12 000 英尺的高山，其山脊有 8 000 英尺高，向东北方向延伸 115 英里（宽为从北纬 22°34′到 24°44′；长为从东经 120°44′到 121°15′），成为东西向的分界线，在其南方则高度骤减。而在北方与其相连的，则有一个等高只有 15 英里长的山脉，与它垂直。山脊本身到尾端时已经混杂成一堆，非常不明显了。主干是由纵列的石板岩组成的，向东陡降。"[1]

巴兹尔·霍尔·张伯伦（Basil Hall Chamberlain）是英国的日本研究专家。在他编著的《日本旅游手册：从库页岛到福尔摩沙》（*A Handbook for Travelers in Japan Including the Whole Empire from Saghalien to Formosa*）中谈到台湾时，介绍台湾地理地形的文字是必不可少的。"福尔摩沙，中国人和日本人称其为台湾，是一个 264 英里长，60 英里到 80 英里宽的岛屿，面积约为爱尔兰的一半，位于北纬 20°56′到 25°15′，东经 120°到 122°之间。西海岸是低矮的冲积平原，最宽处约 20 英里，居住着中国殖民者……其余地方是山区，只有在东海岸肥沃的奇莱平原是例外，与花莲和卑南邻近。山区满是未开发的森林，零星散布着马来种族的野蛮人。"[2]

台湾岛多山，丘陵和高山面积占全岛面积的三分之二以上。台湾山系为东北—西南走向，与台湾岛的走向平行，竖卧在台湾岛中部偏东地区，形成了台湾岛西部多平原、中部多丘陵、东部多山脉的地形特征。台湾有五大山脉、四大平原以及三大盆地，五大山脉分别是雪山山脉、中央山脉、阿里山山脉、玉山山脉和台东山脉，四大平原为宜兰平原、屏东平原、嘉南平原以及台东纵谷平原，三大盆地是台北盆地、台中盆地和埔里盆地。中央山脉纵贯台湾南北，其中玉山山脉海拔 3 952 米，是我国东部最高峰。"东部主要是由山地组成，一组高高的山脉，密林覆盖，贯穿南北，形成该岛的脊骨，比较高的山是北部的雪山山脉（Mount Sylvia）海拔 12 985 英尺，南部的玉山山脉（Mount Morrison）海拔 13 015 英尺，以及南部的卑南山脉（Mount Pinan）海拔 10 808 英尺。玉山山脉是副领事史温侯命名的，是台湾最高的山，它的顶点比福建的最高峰更接近天堂 625 英尺。小的山脉和山坡

---

① Paul Ibis, "*On Formosa: Ethnographic travels*", *Globus* 31, 1877, pp.149-152.

② Basil Hall Chamberlain, and W. B. Mason, *A Handbook for Travelers in Japan Including the Whole Empire from Saghalien to Formosa*, London: John Murray, Albemarle Street Kelly & Walsh, Limited, 1907, p.536.

从主要山脉链向东西两面延伸。在东面的山脉向海岸急剧降低，在一些地方形成世界上最高的悬崖，在海中耸立高达 8 000 英尺。这种自然构造的结果是在东部没有可供航行的河流，也没有重要的天然港湾……如果西部的特点和东部一样，福尔摩沙在历史上就不会有如此多的麻烦。没有人会垂涎于它，没有人会为了它战斗，没有人会管它。但是，西部与东部形成鲜明的对比，山脉缓缓下降成较小的山，从这里到起伏的平原，面积 5 000 平方英里，有众多河流灌溉，再下降到肥沃的山谷，成为荷兰人、中国人和日本人轮番争夺的乐土。"①

台湾岛地貌复杂，位于太平洋火山地震带上，岛上又有喀斯特地貌与海蚀地貌，因此，多山水胜境、火山群与温泉群。西海岸沙滩平缓，多海滨浴场，而东海岸则断崖陡峭，多奇石怪岩。台湾岛上森林茂密，有丰富的动植物资源，更有"蝴蝶王国"之称。在清代就已经有"八景十二胜"之说，包括：阿里山云海、清水断崖、双潭秋月、玉山积云、鲁谷幽峡、澎湖渔火、大屯春色、安平夕照和草山、大溪、新店、五指山、狮头山、八卦山、虎头埤、大里筒、太平山、旗山以及雾社。台湾美丽的风景，让第一次看到台湾的葡萄牙人称之为"美丽岛"。来到台湾的西方人对台湾的美景赞叹诸多。"人们称这里为美丽岛，当然，这里很美，因为这是在一个值得更美好的名字的岛上，这个名字是它的发现者给予的。它的美是大海与陆地混合的美，是柔软的竹叶的浅绿色的美，是错落安置的小屋的美，是那些仍然错落的石灰岩构造的山顶和悬崖的美。"②

法国地理学家 Élisée Reclus 于 1884 年在纽约时报发表了一篇记述亚洲地区的文章，其中提到台湾时，他这样赞美台湾的美景："16 世纪早期，第一批看到台湾的欧洲航海家们如此着迷于它如画般的美景，他们因此把台湾命名为福尔摩沙，或者说"美丽"。大概没有任何一个海岛更能当得起这个名字，至少在它的东面，面向太平洋这边是这样的。中央山脉留给左右两边大量的陡坡和山脉，所有的山在高度和外形上都不相同。山顶，顶峰，崎岖的峭壁，圆形的坡群，从内陆到海岸的岬角连绵不绝；而在群山中到处都有激流形成泡沫状的瀑布，在周围的山谷覆满了色彩明丽的热带雨林植物群，河流或在黑暗峡谷中急流而过。当地居民被竹林和棕榈树林包围着，这些树林长得非常茂盛，一直蔓延到海边，直到悬崖顶上，这些悬崖将拍打海岸的海浪分成了上千个不同的形态。"③

加拿大长老教传教士刘忠坚（Duncan Macleod）1907—1949 年在台湾宣教，在他的《美丽之岛》（The island beautiful）中也赞美了台湾的美丽。"福尔摩沙东海岸的悬崖是世界上最高，最陡峭的悬崖，在海岸的某些地方耸立起高达 6 000 英尺。这里的景色极其美丽。从海岸到群山之中最高的山顶，我们可以看到各种树木，或大或小，各种各样的灌木丛和草丛，以一种最为繁茂的姿态生长着。"④

---

① Owen Rutter, *Through Formosa-an Account of Japan's Island Colony*, T. Fisher Unwin Ltd London：Adelphi Terrace, 1923, p. 29.

② F. H. H Guillemard "Formosa." Chapter I in *The Cruise of the Marchesa to Kamschatka & New Guineaa, with notices of Formosa, Liu-Kiu, and various islands of the Malay Archipelago*. London：John Murray. 1886, p. 10.

③ Elisée Reclus, "Formosa." *The earth and its inhabitants. Asia. Vol. II, East Asia：Chinese empire, Corea, and Japan.* Edited by A. H. Keane. New York：D. Appleton, 1884.

④ Duncan Macleod, *The Island Beautiful, Story of Fifty Years in North Formosa*, Presbyterian church in Canada confederation life building, Toronto, 1923, reprinted by Cheng Wen publishing company, Taipei, 1972, p. 4.

2. 台湾的气候

台湾气候夏季炎热，冬季温暖，雨量充沛，夏秋多暴雨和台风。北回归线从台湾岛中部穿过，台湾北部是亚热带气候，南部属热带气候。台湾平地年平均气温达23.6℃，北部年平均气温在22℃左右，南部约为25℃，南北平均温度冬季相差5℃左右，夏季则差异不大。全省平地夏长冬短，南部长夏无冬。每年4月以后，均温在20℃以上的时间达8个月。最热的是6—9月，平均气温达27~28℃。12月至翌年3月是台湾的冬季，各地平均气温在15~16℃以上，平均最低气温在11℃以上。台湾年平均降水量多在2 000毫米以上，是我国降雨量最丰沛的地区之一。

英国博物学者基里玛（Guillemard）于1882年6月搭乘帆船Marchese号在台湾进行博物考察，对于台湾的气候他这样写道："福尔摩沙并不是严格意义上的热带岛屿，虽然很热，而且在冬季的几个月里，小麦在淡水区域大量种植，并且质量比大陆好很多，平均温度相对于中国同纬度的沿海地区要高。在东北季风盛行期间，北部和东部的降水量非常大。因此，从11月到翌年4月底，淡水的降水量超过100英寸。这毫无疑问要归因于东部的日本暖流。季风吹过温暖的水面，与岛上北部和中部的山脉接触，立即析出超额的水分，形成降水。就这样，福尔摩沙成为了中国东海岸的一把伞，中国东海岸的冬天和春天也因此是一段持续地充满阳光的时期。"①

不列颠百科全书中关于台湾的气温和降雨量有这样的描述："尽管这里是热带气候，但由于受到海洋和高山的影响，这里气候宜人，有益健康。根据1874年在基隆的温度计观察值，最热的月份是6月、7月、8月和9月，阴凉处的平均气温在华氏81.76°到82.81°之间，最冷的月份是1月，平均气温为华氏57.70°。7月上旬，温度计几乎达到华氏90°，而在1月通常是华氏52°或55°。一年的降雨量总计达118英寸，其中降雨量最大的月份是1月、2月、3月和5月。"② 这些数据与现在的统计数据基本一致。

刘忠坚牧师在他的著作《美丽之岛》（The island beautiful）中也论及台湾的天气，他认为台湾天气总体而言是潮湿而炎热的，南北地区差异大。"福尔摩沙的气候分为潮湿，阴冷，极热，除了高山上，其他地方没有霜也没有降雪。总体而言，一年的大部分时间都是潮湿而炎热的。北部和南部的气候有很大的不同。在福尔摩沙北部，1月、2月和3月是凉爽的冬季，而在南部，这段时间是阳光充足的宜人天气。6月、7月、8月和9月是全岛最热的几个月，而10月、11月和12月热度减轻，天气令人非常舒服。平均气温从冬季的华氏90°到夏季的85°，而由于过度的潮湿，这样的高温比干燥的天气令人更加难受。实际上，在岛上的传教士和属于外国公司的商人，有些人已经在福尔摩沙生活了30年到40年，很明显，这样的气候对很多外国人来说并非是不适应的。"③

---

① F. H. H Guillemard "Formosa." Chapter I in *The Cruise of the Marchesa to Kamschatka & New Guineaa*, *with notices of Formosa*, *Liu-Kiu*, *and various islands of the Malay Archipelago*. London：John Murray. 1886, p. 24.

② "Formosa." *The Encyclopaedia Britannica*：*A dictionary of arts*, *sciences*, *and general literature*. 9th ed. Edinburgh：Adam & Charles Black, 1889.

③ Duncan Macleod, *The Island Beautiful*, *Story of Fifty Years in North Formosa*, Presbyterian church in Canada confederation life building, Toronto, 1923, reprinted by Cheng Wen publishing company, Taipei, 1972, pp. 7-8.

（二）物产与自然资源

1. 农作物

台湾盛产稻米，耕地面积约占土地面积的四分之一，一年有二至三熟，稻米产量多，品质好，素有"中国谷仓"的美誉。"福尔摩沙岛南部位于热带地区。该岛的北部降雨量很大，特别是基隆。在打狗和台湾府，从10月到翌年4月是干季，但在山区以东地区雨季来得要早得多，在那里雨季2月就来临了。水稻是西部低地上种植的主要农作物，并且大量输出到中国大陆。最好的土地一年能产三季水稻。"①

台湾水果种类繁多，素有"水果王国"的美称，产量丰富，西方人走在各城镇周围的小径上，随处可见漂亮肥美的凤梨。必麒麟认为西螺的桶柑、椪柑好吃又健康。芒果、龙眼、香蕉、软浆果或番荔枝、柿子和石榴，都是十分可口的水果。"主要的水果有橘子，香蕉，柿子，凤梨，李子，桃子，芒果，还有其他只有当地人才能培育出的水果。"②"当地又大又甜的凤梨，总是让人精神一振，另外，可能再也找不到比西螺椪柑或美味多汁的文旦柚子更棒的水果了。"③

除稻米和水果以外，台湾还盛产许多农作物，如甘蔗、番薯，以及经济作物靛青、姜黄等。"福尔摩沙可以说是个异常丰饶的岛屿，西岸的冲积平原面积辽阔，水分也很充足，非常适合种植甘蔗、稻米、番薯、土豆、靛青、姜黄等农作物。"④"这里的平原是我见过的物产最丰富、开垦最广的地区：这里有产量丰盛的小麦、玉米、稻米、蔗糖，以及热带与副热带的水果，如凤梨、芒果、香蕉、柠檬、橘子等，也长得极为繁盛。"⑤ 西方人认为台湾最具价值的产品是平原上种植的稻米和甘蔗，北部种植的茶叶，以及从生长在北部和中部山区的樟树上取得的樟脑。⑥

2. 林业资源

樟脑被誉为台湾三宝之一，是早年台湾最重要的经济产业之一，台湾作为当时全世界第三大樟脑产地，自然引起全世界的注意，台湾海峡往来不停的欧洲商船，无不希望能载一些这种重要军工原料的宝物回去。清廷开始并不重视台湾，起初也并不在意台湾有些什么物资，往往都是西方的商船闯入打狗或安平港，一船一船的将物资载回欧洲后，才开始重视它的价值，樟脑的情形也是如此。最初只任人开采，等清廷发现樟脑可作为军工原料

---

① Joseph Beal Steere, "Formosa." *Journal of the American Geographical Society of New York* 6（1876）: pp. 316–317.

② Duncan Macleod, *The Island Beautiful*, *Story of Fifty Years in North Formosa*, Presbyterian church in Canada confederation life building, Toronto, 1923, reprinted by Cheng Wen publishing company, Taipei, 1972, pp. 10–11.

③ William Campbell, *Sketches from Formosa*, Marshall Brothers, Limited, London, Edinburgh, New York, 1915, pp. 264–265.

④ William Campbell, *Sketches from Formosa*, Marshall Brothers, Limited, London, Edinburgh, New York, 1915, pp. 264–265.

⑤ Paul Ibis, "On Formosa: Ethnographic travels" *Globus* 31（1877）: pp. 149–152.

⑥ Basil Hall Chamberlain, &W. B. Mason, *A Handbook for Travelers in Japan Including the Whole Empire from Saghalien to Formosa*, London: John Murray, Albemarle Street Kelly & Walsh, Limited, 1907, p. 537.

后，已经不知道被英国人或西班牙人廉价收购多少了。"1894年，也就是中国统治的最后一个完整年份，共有两千一百万磅的茶叶和超过四万担的樟脑从福尔摩沙输出。"①

樟脑是台湾早年最具经济价值的产业，清廷列为专卖物品，必麒麟（William Alexander Pickering）却仗恃着《天津条约》和英国人的身份，于担任怡记洋行台湾府分店负责人期间，到梧棲私自购买樟脑，又为了避免缴税，企图从台中偷运出口，引发了一场清朝官方与英商间的樟脑战争，虽然战火很快熄灭，但从樟脑引发战争，足见樟脑的重要性及台湾樟脑产量之大。"纵横台湾南北山区，到处都可见生产樟脑的巨大樟树。"必麒麟在他的《历险福尔摩沙》（*Pioneering in Formosa*）一书中记录了他所经历的"樟脑战争"。但文中渲染的是必麒麟的勇敢、英国发展樟脑生意的合理性、中国官员的贪婪懦弱和中国百姓的蛮横无理。

清廷统治台湾时期，汉人砍伐岛上原生的樟树来提炼樟脑，而没有任何种植樟树的计划。这一点西方人则认为缺乏后续的计划性。"岛上出口樟脑，大部分山区中都有樟脑树，但是想取得药物就只有摧毁樟脑树一条途径，而岛上还没有重新种植樟脑树。"② 樟树一旦砍下后，树干的坚固部分立刻被锯成一块块厚木板，运送到工厂制作成家具。而剩下的残枝就用手斧削成小片，整筐送到专门提炼樟脑的场所。一直到日据时期，日本殖民政府开始建立樟脑种植场，并于1896年建立了第一座种植场，樟脑的种植才有了发展，改变了以往只砍不种的局面。

清末，茶叶在台湾内陆是野生植物，在淡水附近有大规模的栽植，并从淡水港大量输出。较大部分输往美国，另一部分则供海峡殖民地和荷属东印度的中国人混加香料饮用。必麒麟认为，淡水茶叶种植量大，虽然茶叶品质称不上顶级，但发展潜力颇大。定居台湾的英商陶德（John Dodd）曾从事过茶叶贸易，由于首次交易的结果同时给出口商和生产者带来一笔可观的利润，使得茶叶的栽培迅速扩张。

到日据初期，法国人雷金纳德（Reginald Kann）认为，茶叶是台湾所有产品中数量最可观、利润最高的产品。"种茶面积直至今日仍不断增加，产量的进展也很可观，从1877年的400万公斤增加到1887年的800万公斤及1905年的1 000万公斤左右。"③ "在过去五个会计年度中，出口平均总值为1 400万圆，茶叶就占了533万圆左右。"④

台湾还盛产一种通脱木，也叫通草，这种树的木髓可用来制作宣纸。不少西方人在各自的著述中都有述及利用通脱木造纸的过程："通草在福尔摩沙北部大量种植，在切割的时候，把包裹在外面的一层去除，只留一片白色的木髓，晾干，把通脱木卷在大刀片上，以此切割出一张连续的纸，然后再将这张纸拉直，便可裁剪出一张张尺寸相同的纸张。"⑤

---

① William Campbell, *Sketches from Formosa*, Marshall Brothers, Limited, London, Edinburgh, New York, 1915, pp. 264-265.

② Joseph Beal Steere, "Formosa." *Journal of the American Geographical Society of New York* 6 (1876)：p. 317.

③ 雷金纳德（Reginald Kann）著，郑顺德译：《福尔摩沙考察报告》，"中央研究院"台湾史研究所，2001年，第73页。

④ 雷金纳德（Reginald Kann）著，郑顺德译：《福尔摩沙考察报告》，"中央研究院"台湾史研究所，2001年，第72页。

⑤ "The island of Formosa." in *Illustrated travels：A record of discovery, geography, and adventure*. Edited by H. W. Bates. London：Cassell, Petter, and Galpin, 1869, p. 251.

肥沃的土壤、潮湿的气候，为植物提供了绝佳的生长环境。"整个土地上长满了树木、植物和花卉。除了几个突出的岩石之外，所有的岩石裂缝、悬崖、大石，都长满了各式各样的蕨类、植物、草和爬藤。树木不高，但是很大，并且枝叶茂盛。山的侧面，从山顶到山底，生长着各种黄色、绿色的树木和耐阴性的灌木。"① 马偕还在他的书中列出了 28 种森林植物，并分别记录了这些植物的名称、生长习性和用途等。

3. 矿产资源

台湾虽然自产能源只有少量煤、天然气，金属矿产也较少，金、银、铜、铁等主要储藏于北部火山岩地区及中央山脉。目前，台湾岛发现的矿产资源约有 110 余种，具实际开发价值的不过 20 多种，其中部分有价值的矿藏经长期开采，储量大幅减少，有的已经枯竭，因此，台湾是中国矿产资源和储量最少的省份之一。

煤的开发利用较早，目前台湾煤资源已经逐渐枯竭，储量仅约 1 亿吨，年产量不到 10 万吨。煤是近代台湾最重要的能源矿产，美国驻淡水领事达飞声（James W. Davidson）在他的《福尔摩沙岛》（The island of Formosa）中记录："福尔摩沙岛上有储量丰富的煤，可以说是无限量的。从岛上极北端的金包里起一直到离南部岬角不远的枋寮止都有大量的煤。在环绕基隆的山中，村民随处可以用手中的凿子和篮子挖到他们每天生活所需的燃料。"② 可见在当时西方人眼中台湾煤矿储量是非常丰富的。

即便如此，也有西方人认为，台湾的煤矿经济价值不大，"几乎所有福尔摩沙的厅里都有煤炭露出地面，从岛上极北端的金包里起一直到离南部岬角不远的枋寮止，本地人只要在地上刮一刮，很少地方找不到他们每天所需的燃料。不过从经济学的观点来看，这一大片煤炭的分布并没有什么价值，因为除了极少数的例外，这些煤炭都是以无数很薄的矿层出现，矿层又被切成很多断层，厚度不到一公尺。"③

从西方人的文本中可以看到，近代台湾开采煤矿的技术非常落后，"煤矿的开采采用的是最原始的方法。在山体陡峭的一侧挖一个仅容一人通过的洞，矿工带着一个浅口的篮子，当他把篮子装满的时候，就用绳子把篮子送出去，运输到搬运工的篮子那里。这里的煤分两种：一种是黑色有光泽的沥青状的煤，一种是易碎暗淡发黄成小块的煤，其中富含硫黄和黄铁矿。煤末和废物被随意丢弃在矿坑口附近。通过这种粗鲁的方法，相当数量的煤被带进市场。相信一年里有差不多一万吨的煤被开采。现在正开采的这些煤矿，粗略估计每天能出产一百吨煤，实际数量可能是个相当乐观的数字，有一千担，或者约一半。基隆煤矿主要的顾客是福州福建的工厂以及中国海军兵工厂的熔炉。还有相当数量的煤用舢板运输到中国其他港口，用于普通家庭。"④ 史帝瑞（Joseph Beal Steere）也在他的文章中指出，

---

① George Leslie Mackay, *From Far Formosa*, Fleming H. Revell Company, NewYork, Chicago, Toronto, 1896. p. 55.

② James W. Davidson, *The Island of Formosa*, Macmillan & Co., London and New York, Kelly & Walsh, Ld, Yokohama, Shanghai, Hongkong, and Singapore, 1903, pp. 476–477.

③ 雷金纳德（Reginald Kann）著，郑顺德译，《福尔摩沙考察报告》，"中央研究院" 台湾史研究所，2001 年，第 102 页。

④ Cyprian Arthur George Bridge, "An excursion in Formosa." *Fortnightly Review* n. s. 20 [Vol. 26 old series] (1876): pp. 220–221.

中国人在开采煤矿这项事业上投入的资本非常少，"全都由汉人开采，他们在这项事业上投入的资本很少。所钻穿的坑洞看起来都像狐狸洞一样，小得让人无法在里面站立。这些坑洞一积满水，就被弃置，另开新矿坑。煤用篮子或一种滑车，沿着矿坑的底部在水和泥泞中滑行，运送到矿坑的入口处，然后用篮子以肩挑的方式运送到港口。"①

台湾北端的大屯山一带，还出产硫黄这一重要化工原料。这是中国天然硫黄储量最多的地方，据估计储量达 200 多万吨。"岛上许多部分都有一些不太重要的硫黄矿脉，只有大屯山地区才有较大的硫黄矿脉出现，也就是台北、淡水和富贵角三个顶点形成的三角地带，这三角形最大的边不到 30 公里。"② 另外，我们在西方人的文献中还发现有关金矿、石油、天然气等矿产的记录。

在西方人眼中，台湾风景优美，且物产丰富，无愧于 Formosa "美丽之岛"的美称。对于台湾富饶的物产，西方人除了进行博物学等科学考察之外，尤其在意对台湾物产及自然资源的开发与贸易，从不同作者的文字描述中，都可以看到他们对台湾资源开发可行性的分析，对资源的觊觎可见一斑。

二、近代西方文献中的台湾汉人社会

近代西方人入台以后，首先接触到的人群即是汉人，这些人多是从大陆福建、广东等地迁移而来，并受清朝政府管辖。西方人对台湾的汉人社会记述较频繁的是台湾的行政管理、城镇及经济状况。

（一）台湾的行政管理

1. 台湾的行政框架与军事防御

清朝的地方行政组织为三级制：省、府和州或县。清朝为了方便管理，将原驻厦门的巡道移到台湾府。巡道即类似后来的台湾省政府，掌管财政、军事、司法，并兼管船政，平民百姓尊称道员为"道台"。台湾道下设台湾府，作为台湾的为二级地方行政机构，首长为知府，辖文治机关，还设有台湾镇，由总兵管理，辖武备机关。台湾府下辖有一海防同知和台湾、诸罗、凤山等 3 个县，县下设知县，由知府管理。台湾道共存在 202 年，却历经五次变更和 111 任道台，平均每任道台任期不到两年。台湾道、府、县的组织系统及其变迁如表 1 所示。

但是，在西方人的著述中，西方人对台湾的行政划分似乎不是很清楚，同一时期，不同人对台湾的行政划分有所区别。英国驻淡水领事赫伯特·艾伦（Herbert J. Allen）于 1877 年在《英国皇家地理学会学报》（*Proceedings of the Royal Geographical Society*）发表了一篇名为《福尔摩沙旅游笔记：从淡水到台湾府》（Notes of a journey through Formosa from Tamsui to Taiwanfu）在文中，他指出台湾分为 7 个行政区域："根据政府统计工作，这里划

---

① Joseph Beal Steere, "Letters from Formosa", LXXVI (#75) Takao, Formosa, January 2d, 1874. published in the *Ann Arbor Courier*, 10 April 1874.

② 雷金纳德（Reginald Kann）著，郑顺德译，《福尔摩沙考察报告》，"中央研究院"台湾史研究所，2001 年，第 112 页。

分为 7 个行政区域，噶玛兰、淡水、彰化、嘉义、台湾、凤山以及澎湖列岛，在这些区域中，噶玛兰是唯一一个在该岛东部的区域。"①

表1 台湾道、府、县的组织系统

建制时期	道	府	县（厅）
康熙二十三年（1684 年）至六十一年（1722 年）	福建分巡台湾厦门兵备道	台湾府	台湾县、凤山县、诸罗县
雍正元年（1723 年）至乾隆五十二年（1787 年）	福建分巡台湾道（1757 年）加兵备衔	台湾府	县：台湾、凤山、嘉义、彰化
			厅：鹿港、淡水、澎湖、噶玛兰
光绪元年（1875 年）至十二年（1886 年）	按察使衔福建分巡台湾兵备道	台湾府	县：台湾、凤山、彰化、嘉义、恒春
			厅：澎湖、埔里社、卑南、鹿港
		台北府	县：淡水、新竹、宜兰
			厅：基隆

注：材料取自杨正宽：《从巡抚到省主席》，台湾省政府新闻处编印，1990 年，第 44-45 页。

而在伊比斯（Paul Ibis）的记录中，1877 年台湾分为 5 个区域："（施琅复台以后）中国在福尔摩沙的政府分成 5 个县：北部有淡水厅，主要城市是竹堑市（Tock-tscham），是个富裕的地区，最近茶叶的产量有明显的提高。与其连接的是噶玛兰厅（Kamolan-ting）山谷，向南延伸至最近才成为中国属地的苏澳湾。平原上有彰化县，主要城市是彰化市（Tschang-hwa-hien）；嘉义县（Kagi-hien），主要城市是嘉义市；以及台湾县，主要城市台湾府是福尔摩沙的首府。南部的凤山县（Fung-shan-hien），主要城市埤头（Pitau）是最富饶的地区，也是岛上人口最多的地方。"② 可以猜想，由于清朝对台湾重视不够，当时台湾的行政区划并不是很明显，行政职能不强，所以西方人对此会有所分歧。

必麒麟（William Alexander Pickering）在他的书中记录了台湾官吏的设置状况及各级官吏的职权："在 1896 年日本人统治台湾之前，台湾和澎湖群岛是由一名道台管辖，驻节于首府台湾府。虽然道台直接隶属闽浙总督，但身为台湾岛上最高行政长官，他不但操有生杀大权，还有直接向皇帝呈报的特权……道台之下是台湾府，接下来是县。清政府管辖的范围内约有七八个县。大体而言，清廷统治的区域，只有西部沿岸平原和少数丘陵区，至于高山区和南岬，仍属于原住民的势力范围……根据清廷的法律，驻节在中国福州的闽浙总督，每三年应该巡视台湾一次，不过这条法律经常被忽视……台湾的道台也身兼总司令，每年固定领取一大笔费用，来维持海陆军的兵力，防备外侵和内乱。"③

---

① Herbert J. Allen, "Notes of a journey through Formosa from Tamsui to Taiwanfu." *Proceedings of the Royal Geographical Society of London* 21（1877）：p. 258.

② Paul Ibis, "On Formosa：Ethnographic travels" *Globus* 31（1877）：pp. 167-171.

③ William Alexander Pickering, *Pioneering in Formosa*, London：Hurst and Blackett, Limited 13 great Marlborough street, 1898. pp. 89-90.

台湾在中国海防上的战略地位极为重要，历来被视为"东南数省之藩篱"。1874 年日本侵台事件的发生，充分暴露了台湾防务设施落后、军务废弛的弊端，清廷极为震惊，遂派福建船政大臣沈葆桢赴台，办理海防事宜。沈葆桢在台湾的海防建设以"整顿防务"为主，仿照西法，筑炮台，安放西洋巨炮。但是，这些西洋巨炮仍是抵挡不住西方国家的坚船利炮。中法战争，法军进攻台湾，台湾溃败。西方人记录了中法战争，也记录了台湾在海防上的失败。"中国在基隆有四个堡垒，两个在海湾的东边，两个在西边。东边的两个堡垒装备有八门克虏伯炮，一开始就被法国船只的炮火打得沉默了，但一小队登陆人员在试图夺取这些堡垒时被击退。在第二轮攻击中，西边的堡垒在经过战斗之后被法国夺取，四五个法国人被杀，还有约 12 个人受伤。"①

2. 官吏形象

台湾既为清朝版图的边疆，派任到台湾的官吏，通常是因错失被贬，或者政绩不良而被发配到这个海上孤岛之人。这些官吏一来失意官场，再者又孤悬海外，清廷条律鞭长莫及，台湾官员的贪污更是严重，台湾客家俗谚说："三年官二年满，口袋装满转唐山"，正是最鲜明的反映。这些现象落入西方人眼中，记录于他们的笔下，就成了他们对台湾官吏最深刻的印象，而这绝对是西方文化中所认为的野蛮专制的表现，是他们无法理解且难以接受的。

必麒麟对于官员贪污受贿，中饱私囊做了如下描述："按照清廷法律，驻福州的闽浙总督，每三年应巡视台湾一次，其实，这种官方巡视是有利可图的，地方官吏如果不能奉上丰厚的礼物，便会因故被撤职。为了筹措这类强迫性的捐献，官吏们只好向老百姓征收额外的税捐。于是这位中国的官员，承受各级官吏大肆破费的欢迎，荷包满满，温文儒雅地完成了巡视的任务……台湾的道台每年领取大笔费用来维持陆军海军的兵力，然而，大部分的费用都流进官吏的私囊里，海陆军兵力衰颓，毫无防备能力。"②

在必麒麟眼中的近代台湾社会，贪污腐败、行贿受贿的现象十分普遍，西方人对此现象做了批判。他在自己的书中引用了在台湾府传教的甘为霖牧师的一段话，甘为霖曾在《苏格兰地理杂志》说过这些话："经过二十五年来的观察，我发现要想信任或尊敬清廷官员，实在是件难事。毋庸置疑，其中仍有少数官员很能干（从当地人的观点而论），勤勉而正直，并且真正为人民着想。可惜的是，在整个庞大的官场里，上自总督，下至衙门小差，全都以恶毒的原则行事，这个原则就是：国家是为官员而设，并非官员为国家而置。"③

对于中国官员的服饰以及行动方式，西方人也有描写，同时还渲染了中国官员的胆小懦弱：

我们以一种最奇怪的形式呆在打狗，一个上了年纪的、有身份的人接待我们，

---

① Articles concerning Formosa（Taiwan）in the *Illustrated London News*, 1843—1890. "The French attack on Formosa"［1884：340；October 11, 1884］.

② William Alexander Pickering, *Pioneering in Formosa*, London：Hurst and Blackett, Limited 13 great Marlborough street, 1898. pp. 89-90.

③ William Alexander Pickering, *Pioneering in Formosa*, London：Hurst and Blackett, Limited 13 great Marlborough street, 1898. p. 97.

他戴着黑色帽子，穿着灰白色外套，非常白的衬衫，衣领翻过他的耳朵，但是没有纽扣，老旧的黑色裤子明显是适合比现在穿着它的人更高更胖的人穿，鞋子上有翠绿色的蕾丝。这个高傲的男人以一种庄严的方式道歉，因为他把服装的一个重要的部分遗落在一个遥远的城市，并且非常不安，显然他很不在状态，因为他会突然转身，猛烈果断地注视着一个人，我不知道他是看我们是否恰当地记住这套服饰，还是抓住我们嘲笑他，在这种情况下这是情有可原的。对于天气和遇上风雨，他表现出非常焦虑，因为一个海上的朋友告诉他，他的船非常不适合海上航行。我们许诺派一艘我们的小船为他护航，他才平静下来。但是在登船的时候，他的担忧又回来了，他直直地坐着，非常的警惕，手紧紧地抓着船舷，就这样远航了。①

中国古代官场历来讲究级别尊卑，就算是官员在一起娱乐也有尊卑顺序，"有为数众多的清朝小官在场。表演完毕时，他们都排成一排。最高职位的官员上轿离开时，其余的都磕头。然后权力次高的上轿子，其余的又跪在地上磕头。就这样一直轮到较普通的一群，他们径自上轿，不那么拘于形式。"②

（二）台湾的城镇

1. 人口

台湾在汉人移入之前，是原住民的生活空间。但由于原住民人数不多，因此，在台湾的人口迁徙史上，人口成长趋势主要是由汉人人口数决定的。1650 年荷据台湾末期，台湾人口有 5 万人；1680 年明郑末期，台湾人口为 12 万人；1811 年清朝中叶，台湾人口已经达到 194.5 万人；1905 年日据初期，人口达 300 多万人；到 1942 年日本结束对台湾的统治前夕人口已经增加至接近 600 万人。

在不列颠百科全书中收录的福尔摩沙词条中，记录了一条南北大公路，同时还记录了沿途几个大城市的人口数量："有一条高速公路从北部的艋舺到南部的枋寮。以北部的艋舺为起点，我们沿着公路可以看到以下重要地方……淡水，或叫沪尾，也是一个通商口岸，有 100 000 居民，淡水港由超过 2 000 英尺高的山形成，海港水深 3.5 英寻，长 7.5 英尺；沿着淡水河口往上游走约 13 英里，就到了一个产茶区——大稻埕，这里有 20 000 人口；再往上游走一段就是艋舺，这是北部最繁华的商业城镇之一，人口有 30 000 人；淡水厅的厅治所在竹堑，是一个砖石城池，有 40 000 居民……彰化城是彰化县的治所所在地，也是岛上的第二大城市，居民 60 000 人到 80 000 人……台湾府是台湾的省会，有 30 000 居民，或者根据另一份报表是 100 000 人……东港是个有 20 000 居民的城镇。除了这些地方外，还有许多几千人的城镇，并且在整个的中国区域内都散布着村落和小村庄。全岛估计有 150

---

① Hon. Henry Noel Shore, *The Flight of the Lapwing*, a naval officer's jottings in China, Formosa and Japan, London, Longmans, Green, and CO. , 1881. pp. 40-41.

② Joseph Beal Steere, "Letters from Formosa", published in 12 Jun 1874 *Ann Arbor Courier*：LXXVIII Taiwanfu 1 Feb 1874.

万人到 200 万人，可能更小的那个数据会更加真实。"①

在现在的台湾居民中，汉族人口约占总人口的 98%；少数民族人口占 2%，约 38 万人。根据语言、风俗的不同，台湾少数民族分为阿美、泰雅、排湾、布农、卑南、鲁凯、曹、雅美和赛夏等 9 个民族，分居在全省各地。而在近代，西方人观察到的台湾居民则分三类：汉人、平埔番、生番。"福尔摩沙的居民可以分为三类：中国人，许多都是从厦门附近地区移民到这里，他们说着厦门地区的方言，其他人是从汕头附近移民过来的客家人；被征服的土著居民，他们大部分和中国人混居；还有东部地区的未开化的土著居民，他们拒绝承认中国的统治，而且一有机会就偷袭中国人。半开化的土著居民接受了中国的语言、服装以及习俗，被称作平埔番，而他们的未开化的同胞则被称为生番。"②

客家人，又称为客家民系，是个具有显著特征的汉族民系，也是世界上分布范围最广、影响最深远的汉族民系之一。台湾客家人多数是在两三百年前，从广东的嘉应、惠州、潮州等府东渡台湾。"福尔摩沙的中国人大约有 300 万人，但这似乎低估了实际的人口。他们中大部分都来自海峡对岸的福建省，而且他们中许多人都是跟随国姓爷占领福尔摩沙的反叛者的后代。还有相当多的人被称为客家人，人们相信他们来自广东省。他们说着一种不同的语言，住在单独的村庄里，他们允许女性不缠足，而是任由脚自然生长。虽然他们在岛上各地都有分布，但在北端和内陆地区，客家人特别集中，通常占领山区，在最接近野蛮人的地方。"③

台湾的客家人至今仍然保持和使用广东梅县、海陆丰等地的生活习惯和风俗语言。客家从北方中原地区迁徙南下，迁徙塑造了客家人坚韧的品性。尽管所处环境位于偏僻的山区，但是勤劳的客家人在自己的土地上创造了属于自己的历史。

在最高的山区，我看到一大群特别的人，他们不像汉人，也不像原住民。汉人称他们为客家人。他们的外貌没有一点蒙古人种或马来人种的影子，而会让人误以为是吉普赛人，以为他们属于印欧人种。有些人声称他们是中国南方山上的原住民，长时间以来跟随广东人来到福尔摩沙。到底哪种看法是正确的，很难决定。因为客家人的生活方式已经变得和汉人完全一样了，忘记了自己的语言，对自己的过去历史一无所知。如果仅从身体的外貌来判断也很危险。客家人多半都很强壮，肤色比汉人和马来人深。脸是椭圆形的，前额很高，鼻子挺直，扁得适中。嘴型有力，但不厚，嘴也不大。眉毛和眼睫毛浓密，胡子长得很盛，20 岁的男人已经有很壮观的八字须了，下巴和下颚上的反而刮得很勤。他们的脸部表情很有力，显得很聪明，举止很严肃，高贵沉静就像一个真正的印第安人一样。女人也比汉人的好，也更漂亮。身材跟男人的比例适中。不绑小脚。客家人没有村庄，他们散居在山里安静的隐蔽处。在那里种些地，但主要的似乎是养牲口，因

---

① "Formosa". *The Encyclopaedia Britannica*：*A dictionary of arts，sciences，and general literature*. 9th ed. Edinburgh：Adam & Charles Black，1889.

② "Formosa". *The Encyclopaedia Britannica*：*A dictionary of arts，sciences，and general literature*. 9th ed. Edinburgh：Adam & Charles Black，1889.

③ Joseph Beal Steere，"Formosa." *Journal of the American Geographical Society of New York* 6（1876）：p. 317.

我看到许多牛和山羊群。交易上是以羊毛、樟脑和木蓝为主。①

丰富而多元的历史背景，造就了台湾多姿多彩的文化。台湾发展过程中包括了土著原住民、中国大陆闽南及客家移民、荷兰人、西班牙人、日本人，而此地人民非常注重传统文化的保存，同时又逐渐发展出新的文化。因此，在现在的台湾，我们可以看到原住民、本土以及中国文化，也可以看到荷兰、日本殖民者所留下的历史遗迹。

2. 城镇建筑

清代中末期，台湾的商业城市兴起，这种商业城市以贸易作为后盾，商人成为城市中的主体，他们以自己的利益组织控制着城市的发展，清政府并不主动积极开发台湾，所以台湾有许多城墙是居民自筑的，因此，台湾早期的城墙有木栅的、有竹栏的、有土筑的。另外一个特点是，城市的原籍色彩很浓，由于各籍移民增多，各自谋取利益，利害冲突，原先对他们威胁最大的番人已经不是唯一的敌人，加上兴起的各类械斗，于是城市的属向就很清楚，漳州人有漳州人的城市，泉州人及粤籍人也都有自己的城市。当发生争斗时，双方都以对方的城市、庙宇为摧毁的目标，企图将对方连根拔走。因此，设隘门筑城墙并非为了防番，而是作为械斗对抗的据点。而随着列强窥视染指台湾，清廷不得不加强台湾的防务，各地城墙才加固，砖石城墙开始增多，各地的炮台城堡也因而增加不少。

台湾府城是台湾较早的一座围有城墙的政治城市，史帝瑞（Joseph Beal Steere）这样描述他所看到的台湾府城：

> 台湾府的围墙从很远就可见到。高约为 18 英尺到 25 英尺之间，顶上宽约 12 英尺到 14 英尺。用砖盖成，周长 7 英里，有 8 个大门。墙头上盖有许多小的守望塔，在大门上盖着约两三层楼的宝塔一样的建筑物，作为防御用。一般都有几个兵士留守其中。沿着主墙上面外围处又建盖一道狭窄的墙，4 英尺或 5 英尺高，一英尺半厚。这道墙上截满小且狭窄的枪眼，用来放射步枪或弓箭。每个枪眼都有编号，这样防守的兵士可以知道自己的位置。然而并无用炮来防御城墙的安排。大炮只要发射第一次，就可把这脆弱的围墙上部夷平，而让防御者的掩蔽全失。虽然此墙或许是这一百年内建盖的，但却跟一千年前的中国城墙完全一个模样。荷马时代的英雄曾在城墙前作战，当战争结束后，在城墙后撤退。中国城墙仍用古法建盖，可能是荷马时代城墙很好的再现。在我们进入的每一边的大门口，都有一个 12 英尺高，拿着战斧的巨大战士，以惯常幻想式的中国风格画在墙上。在墙内的一个广场，有几个清朝官员正在用弓箭练习。在中国，即使在已有来复枪与设有装弹机的大炮等现代武器的今天，军队升职仍比较看重射箭与用剑的技术。②

庙宇在台湾是民间最重要的建筑，翻修的机会最多，故保持华美的形态。英国博物学者基里玛（Guillemard）这样描述他在大稻埕看到的一个庙宇："我们在大稻埕看到一个相当有趣的庙，庙的门是由两块巨大的石柱精雕而成，高 15 英

---

① Paul Ibis, "On Formosa: Ethnographic travels" *Globus* 31 (1877): pp. 214–219.

② Joseph Beal Steere, "Letters from Formosa", LXXVII (#76) Taiwanfu, January 10, 1874. published in the *Ann Arbor Courier*, 5 Jun 1874.

尺。右边的柱子上刻了一条龙的浮雕，绕着柱子上升，嘴里衔着一个圆形的水果或是球，而另一边，龙是向下的，它的爪子上抓着相同的东西。不论是建造还是设计都极其完美，一定耗费了相当多的劳动，有三分之二的石头都在雕刻过程中被去除了。"①

西方人似乎对中国的旅馆印象非常深刻，马偕（George Leslie Mackay）、史温侯（Robert Swinhoe）、柯乐（Arthur Corner）等都曾记录他们住过的中国旅馆，肮脏、混乱是最主要的特点。旅店提供的被子有虫子、肮脏，主人养的鸡、猪随意进出房间，或者就住在猪圈的旁边，甚至与猪同住一间屋子等现象，都曾在他们的记录中出现。"我们多付了一些钱，得到一间独立的房间，但仍然是泥土地板，而且还靠着猪圈，跟猪住在同一个屋檐下。我们先把床垫铺在充当床架的竹椅上，吃过米饭和鸡蛋后，实在是疲累不堪，便在猪粪和鸦片烟等气味中进入梦乡，任凭那一大群低等生物处置了。"②

可见，一个地方的历史过程及人文发展的社会背景都有其特点，而这些特点都会或多或少地反映在当地的建筑面貌上。

(三) 台湾经济状况

1. 农业生产

在 19 世纪，台湾的农业以种植业为主，特别是水稻种植。台湾的经济作物有甘蔗、茶叶、烟草、花生、薄荷等，其中以甘蔗和茶叶所占比重最大，素有"东方甜岛"之美誉，盛产的阿里山高山茶享誉海内外。

水利事业通常是农业的根基，西方人对中国农田的水利灌溉表现出相当的敬佩。马偕（George Leslie Mackay）对农田圳道赞叹不已："农人以不同的模式把水输送到需要的田里，从中可以看出他们是多么的有智慧与技巧。成效最好的是在弯曲的新店溪岸边所造的圳道，经由这个圳道，使整个艋舺平原都能得到从山里引来的水的充分灌溉。这个圳道的建筑包括了在一块极大的岩石中开凿的一个长 8 尺、宽 6 尺的隧道，还有一段 50 尺高的水道把引来的水送到另一条河流，而当这圳道到达艋舺平原后，就分成无数的小水道，把水输送到所有的田里。有时需要把水道的水位稍微提高时，就用一种像水踏车的不怎么灵巧的机械，就是把辘轳接在一个木制水箱里，水槽较低的部位放置在沟中，由两个人来踏，这样不停地把水往上送，就把水送入上面的一个水槽，再把这水流入田边的小水沟。"③

英商柯乐（Arthur Corner）则感叹于梯田的灌溉："我们在嘉义经过一个满目皆是梯田的村庄，那里的农田设在各个不同的高度，每区梯田的最高处都设有灌溉用的大水塘，出水口相当大，用水坝堵住，建设的非常牢固，防止在山洪暴发期间洪水泛滥。我发现中国人在水利灌溉工作中相当有智慧，有些设施十分惊人，在水流落差较大的地方，砌门底下铺上鹅卵石，并用水泥固定；其他地方的堤坝则在草地上筑起竹篱笆围堤。这样的设计可

① F. H. H Guillemard "Formosa." Chapter I in *The Cruise of the Marchesa to Kamschatka & New Guineaa, with notices of Formosa, Liu-Kiu, and various islands of the Malay Archipelago.* London: John Murray. 1886. p. 16.

② 史帝瑞（Joseph Beal Steere）著，林弘宣译，《福尔摩沙及其住民》，台北前卫出版社，2009 年，第 49 页。

③ George Leslie Mackay, *From Far Formosa*, Fleming H. Revell Company, NewYork, Chicago, Toronto, 1896. p. 209.

以防止山洪暴发带来的溃堤及土壤流失。"①

台湾素有"海上粮仓"之美称，是我国著名的产稻区。近代台湾的水稻种植是劳动密集型，以简单的工具，投入大量劳动以得到收获。"在旱地耕种就用黄牛，不过当地稻米耕种都用水牛，所以水牛对农人来说是最有用的家畜。农人耕种只需要几样简单的工具，而且几个世纪以来都没有改进，就是一把很宽的锄头、一根有铁锹的田犁、一把很重的木耙以及割稻的镰刀。稻米不像小麦或其他的谷类直接撒种在田里，而需要移栽。种子先浸泡在水中，再摊开放在一个篮子里，盖住直到发芽。再把它密集地撒在一个小地方，加以防风并施肥加水，3 个月后稻苗长到约 6 寸高时就可移栽。"②

马偕、史帝瑞等对台湾农民种植水稻的过程，从土地的整理，到种子的发芽，再到插秧、收割，做了较全的记录。

次日清晨一大早，我们就出（埤头市）城门，再度进入一个很肥沃，经高度耕种的乡野。较高的地大部分都种甘蔗，尚未完全收割好。较低平的地有五六英寸的水淹盖，正要种稻子。有牛拖着像耙子的犁，耙过泥浆与水，做最后整地松土的工作。有些小块土地上已开始栽植。稻子先在小块的地上密集播种，让其长到 4 英尺或 5 英寸高，再拔起来，分束成小捆，叶子修剪成同等长度。农人插秧时，将这些成捆的稻苗浸在身前的水里，每次种三四行，每行间隔约 8 英寸。这样点播穴里的三四株秧苗同时既面对每一行横的一面，也面对其直的一面。插秧的速度很快，秧苗刚塞满手指，就栽入柔软的泥浆里。不过仍很用心，故而许多田地看起来都像是照着直线栽种的。秧苗留在水田里，很快就长出强健的根来。几天之内就可做首次的除草锄地。我们一个星期后回程时，在同样的田地里见到此项作业。③

近代台湾水稻种植与中国传统的水稻种植方法是一样的，都是小块土地经营，大量投入劳动力，机械化程度低，插秧、收割的方法及所用的工具都是类似的。

我们进入一处极宽广的平原，远延到我们视线所能及处。土堆将它分成小块田地，都经灌溉，种植稻米，现在就可收成。田里满是男人、妇女和小孩。其中有些人用很小的镰刀割下小把小把的稻子，捆扎束紧，其他的人将之抬到打谷者那里。那人站在一个很大的木盆前，盆子几乎整个被高达六或七英尺的一块布围住，以防稻米飞出。板条放在木盆上，稻秆上的谷粒被击打，仅一两下就彻底把秆上的谷粒清除，剩下来让妇女清理的实在不多。木盆用杆子抬到田里各处，等到满了，就用篮子把稻米搬到晒米场。那是被踩踏得很硬且平滑的一些泥土场地。在那里把稻米展开来晒干。这里的田野一年可产两次稻米，有些还可收成三次。④

---

①　Arthur Corner, "A tour through Formosa, from south to north." *Proceedings of the Royal Geographical Society* 22（1878）: p. 55.

②　George Leslie Mackay, *From Far Formosa*, Fleming H. Revell Company, NewYork, Chicago, Toronto, 1896. pp. 210—212.

③　Joseph Beal Steere, "Letters from Formosa", LXXIX（#78）Canton, China, April 10th, 1874. published in the *Ann Arbor Courier*, 3 Jul 1874.

④　Joseph Beal Steere, "Letters from Formosa", LXXIII（#71）Tamsui, Formosa, December 1st, 1873. published in the *Ann Arbor Courier*, 24 April 1874.

虽然台湾农业经营方式并不比大陆先进，但由于土地肥沃，气候适宜，水利条件好，从 18 世纪上半期起，台湾的大米就已经运销大陆，是我国著名的"海上粮仓"。在西方人看来，台湾这种依靠大量劳动投入、简单的工具、自然力和畜力的劳动方式，十分古朴、落后。

2. 商业贸易

日本人占据台湾以后，台湾的商业有了很大的发展。日本在台湾尤其鼓励种植和经营日本本身所没有，并且足够供消费的产品，因此由殖民政府专营的盐，制造工业得到很大的鼓励，而且不用缴纳任何出口税。日本需要大量从外国进口的糖，是台湾所有产品中倾全力制造的产品，因此只征收一个简单的消费税，离开台湾的港口时，免纳任何捐税，在日本卸货时也不用多付分文。另一方面，只能出口到外国的产品，被视为只有国库才能从中获得利润，因此日本不需要的台湾茶叶，全部被运送到美国市场，同时被征收很重的制造税和出口税。至于居出口作物统计数字第二位的樟脑，与盐一样是由殖民政府专卖。

因为这些措施，台湾到日本的出口商品从之前的几乎为零，开始有了稳定快速的发展，而运到外国的货物金额差不多没有多大改变，统计数字如表 2 所示。

表 2　1897—1904 年台湾出口货物金额

年份	出口到日本（圆）	出口到其他国家（圆）
1897	2 104 648	18 759 287
1898	4 142 778	12 827 190
1899	3 650 475	11 114 921
1900	4 402 110	10 571 285
1901	7 345 956	8 298 800
1902	7 407 498	13 816 868
1903	9 729 460	11 078 321
1904	10 431 307	18 391 124

注：材料取自雷金纳德（Reginald Kann）著，郑顺德译，《福尔摩沙考察报告》，"中央研究院"台湾史研究所，2001 年，第 53 页。

从台湾的出口商品来看，主要出口商品有茶叶、樟脑、糖、盐、煤等。1905 年台湾出口的主要商品及目的地如表 3 所示。

表 3　1905 年台湾出口的主要商品及目的地

出口商品	价值（圆）	目的地
茶叶	6 523 564	美国和中国
樟脑和樟脑油	4 472 510	美国、法国、德国、英国、印度

出口商品	价值（圆）	目的地
糖	4 165 712	日本
稻米	2 536 321	日本
盐	729 016	日本
纺织品（大麻、苎麻、黄麻等）	254 093	中国（汕头）
煤	133 942	中国（汕头）
硫黄	69 313	日本和美国
含油种子	67 981	中国（厦门）
燃料和药品	60 726	中国（天津和上海）
火柴	42 722	中国
皮革	26 164	日本
蚕豆	24 252	中国（厦门）
藏红花粉	9 326	香港和中国（上海）

注：材料取自雷金纳德（Reginald Kann）著，郑顺德译，《福尔摩沙考察报告》，"中央研究院"台湾史研究所，2001年，第54页。

　　进口时由于秉持同样的商业原则，其效果也相同。日本货物进到台湾免税，而从外国进口的所有产品都课以重税，特别是与日本产生竞争的产品。在中国割让台湾之前，中国在台湾实施的海关费用制度被日本人沿用至1899年1月1日，同一天开始采用新的海关费用制度，新制度极大地提高了几乎所有的税项。从这一年起，外国进口货品减值非常厉害，直到1904年日俄战争期间几乎没有停过。1899年一年从日本的进口额就比上年翻番，并在随后的几年中持续增长，统计数字如表4所示。

表4　1987—1903年台湾进口货品金额

年份	日本进口额（圆）	外国进口额（圆）
1897	3 723 722	12 659 298
1898	4 266 768	16 875 405
1899	8 011 826	14 273 092
1900	8 439 033	13 570 664
1901	8 782 258	12 809 795
1902	9 235 290	10 100 532
1903	11 194 788	10 772 372

注：材料取自雷金纳德（Reginald Kann）著，郑顺德译，《福尔摩沙考察报告》，"中央研究院"台湾史研究所，2001年，第55页。

　　樟脑是台湾所有产品中最值得关注的，因为这种物资在当时只有在台湾和日本才出现，日本占据了台湾，就成了世界上樟脑唯一的生产国。自从人们发现樟脑的军用价值之后，其重要性与日俱增。起初樟脑一直为政府专卖，后来专卖制度几经废立，在中国政府统治台湾的最后几年以及日本占据台湾的前几年还一直继续施行。台湾从1889—1904年这15年内出口樟脑及樟脑油的变动情况如表5所示。

表5　1889—1904年台湾出口樟脑及樟脑油金额

年份	樟脑（圆）	樟脑油（圆）	年份	樟脑（圆）	樟脑油（圆）
1889	277 770	—	1897	2 584 280	1 889 665
1890	532 066	—	1898	2 401 677	2 826 915
1891 取消专卖制度	1 396 633	—	1899 恢复专卖制度	3 887 988	2 362 108
1892	1 453 357	—	1900	2 267 838	2 587 186
1893	2 660 731	—	1901	2 330 938	2 352 108
1894	3 438 648	—	1902	2 626 805	1 370 357
1895 吞并台湾	3 467 642	—	1903	2 153 843	1 546 341
1896	2 883 241	404 123	1904	2 256 483	2 216 292

　　注：材料取自雷金纳德（Reginald Kann）著，郑顺德译，《福尔摩沙考察报告》，"中央研究院"台湾史研究所，2001年，第95页。

　　从这个表里，我们可以发现，樟脑油的出口是从日本占领了台湾以后开始，所有的货都被送到日本，日本殖民政府在樟脑的专卖中取得了巨大的收益。另外，从其他主要出口货物的出口情况来看，几种重要的物资都在日本占据台湾以后产量和出口量大增，台湾成为了日本本土的重要物资来源地。

　　3. 交通运输

　　台湾由于地形关系，东西交通被中央山脉阻挡，南北交通为河流所切断。因此，早期的台湾交通极度依赖海运，甚至岛屿南北部联络常常需要乘船至中国大陆转乘。在刘铭传的现代化改革运动之前，19世纪在台湾海峡航行的交通工具，除了西洋人的机动蒸汽帆船、军舰之外，航运的工具就只有简陋的帆船、竹筏和舢板。竹筏和舢板常见于溪河和鱼塭之间，帆船则航行于长途的旅程。

　　竹筏是台湾早期不可或缺的交通工具，它不但是渔民出海捕鱼的工具，也是陆、海接驳货物的用具，令西方人相当好奇。英国旅行摄影师汤姆森（John Thomson）对这种竹筏的制法和载人载物的方式做了详细描述："竹筏是用一些火烧烤过的竹子做成的，两边微翘，用藤蔓捆绑起来，竹间的空隙正好可以让海水进出。竹筏中央放置有轮滑组，以便保护桅杆，另外，桅杆后面放有一只未经捆绑的大木盆，供旅客乘坐，很少听说木盆中的乘客或货物落入大海的事情，根据我乘坐的经验，如果没有这只木盆，乘客的处境将更加危险。竹筏内可放置两只木盆，桅杆上也可以安置风帆，使竹筏能顺风而行，竹筏上有木浆、长竿等用具。"①

不少西方人认为台湾缺乏好的港口，"福尔摩沙的海岸缺乏海湾。西边仅打狗有一个良好的海港，但是太小了。这个海港由一长串的珊瑚礁形成，露出海面并与海岸线平行。可能曾经与猴山相连，现在已经被一个11英尺深，宽约300英尺的峡道与该地层分离。这样与海分离的海湾约有6英里长1英里宽，但只有北边足够深能通船，并且连接到一条小河。打狗因受到猴山和很高的珊瑚礁的保护，能够避开盛行风，所以全年都可以安全停泊。台湾府锚泊的地方则没有掩蔽，不安全。船只必须停泊在离海岸很远的地方，只能靠木筏登陆，因为这个海滩即便对小船来说也太浅了。淡水的港口或者说是淡水的三角洲，在入口处有个沙洲，退潮的时候只有7英尺深，而涨潮时却有21英尺深。除此之外其实并不比基隆港差。岛西南面的瑯峤湾在东北季风期间可以停泊船只。"②

日据时期，日本为了更好地控制台湾的边远地区以及方便运输，掠夺各地的资源，兴建了一种轻轨车，是一种安装在小型铁轨上的台车，其宽度只有火车铁轨的一半，有三四个简单座位，由一两名苦力用竹竿之类的工具推动。"轻轨车是一种简单轻巧带刹车的交通工具。在平路上，一个苦力就可以让车子运行，跟在车子后面跑，推一下车让车子跑起来，等车子慢下来再推一下。上坡则需两名苦力，下坡时兴奋之旅就开始了，在风景优美的路上，整个旅途充满刺激与惊喜。轨道的轨距约为18英寸，而枕木则是木头的角料。目前在福尔摩沙只有主要城镇有公路相连，边远地区，甚至山区，则由这些手推车轨道连接，目前岛上的台车轨道已经超过550英里。"③

这种轻轨车模样虽然可笑，却是高效的交通工具。不但兴建快速，成本低廉，对使用者而言，更是便宜、安全又快速的工具。甘为霖（William Campbell）对这种轻轨车十分满意："我们从台南北上台中，视察当地长老教会的发展情形，倘若我们像以前那样坐轿旅行，再雇佣3名苦力来担负行李的话，那么我们至少要花费4天的时间，才能从台南到达台中市，所需费用可能要破百，约合10英镑左右。我十分感谢那些由苦力所推动的轻轨车，让我们只花费了两天，就走完这段旅途，花费仅15元。我特别要感谢的是，有一次，我妻子独自往返彰化和台南，结果她在4天之内就完成了来回约160里的旅程，这在6年前是绝不可能的事情。"④

我们从西方人著述中看到的台湾汉人社会，是一个色彩灰暗的社会，政治腐败，官吏贪污受贿、庸碌无为，社会经济生产落后，生产方式传统。在西方人著述中，西方人赞赏日据时期日本对台湾的统治与开发，但西方人是站在殖民者的角度来观察日本占据台湾。日本窃取台湾，对台湾进行殖民统治，掠取台湾资源，割裂了大陆与台湾的联系，是不可抹灭的事实。

---

① John Thomson, "Notes of a journey in southern Formosa." *Journal of the Royal Geographical Society* XLIII (1873): p. 99.

② Paul Ibis, "On Formosa: Ethnographic travels" *Globus* 31 (1877): pp. 149-152.

③ Owen Rutter, *Through Formosa-an Account of Japan's Island Colony*, T. Fisher Unwin Ltd London: Adelphi Terrace, 1923. p. 214.

④ William Campbell, *Sketches from Formosa*, Marshall Brothers, Limited, London, Edinburgh, New York, 1915.

三、近代西方文献中的台湾少数民族

高山族是大陆对台湾少数民族的总称，而实际上这个称谓并没有得到居住在台湾、土生土长的少数民族的认同。经过台湾少数民族为自己族群正名的运动，最有可能被各个族群认可的名称是"原住民"。台湾原住民，是指汉人移居台湾前最早抵达台湾定居的族群。现在的台湾，原住民已经成为台湾岛内少数民族的统称。但在原住民的部落里，他们还是保留着自己本民族传统的称谓，如阿美族、泰雅族、布农族、达悟族、卑南族、塞夏族、邹族、邵族、鲁凯族和排湾族等，目前，被台湾当局正式确认的有 14 个族群。台湾少数民族以其神秘、独特的风俗吸引了近代西方人的眼球，本章将介绍近代来台西方人眼中的台湾少数民族。

(一) 台湾少数民族的生活状况

1. 样貌与服饰

西方人在观察台湾少数民族的过程中发现，台湾原住民在样貌上与中国汉人有所区别，并且，台湾不同族群的少数民族之间也会有所区分。爱沙尼亚人伊比斯（Paul Ibis）在 1874 年调查台湾居民与全岛后的游记中，有关于台湾南部居民样貌的记录：

> 正如我所说过的，他们的身材很小，很不好看且很不匀称。要么很瘦长，要么很短小。腰部、小腿与手臂都很瘦，肌肉很弱。肩膀很直，脖子一般很短，胸部平坦。头很小，有的有点窄。脸很宽，颧骨突出，下巴很高。鼻子宽扁，嘴大唇厚。眼睛狭窄，呈深褐色，带有点斜长。耳朵不大，虽然耳垂因为圆棒穿洞而增大了许多。头发是黑色的，不是很厚。胡子与身上的毛发都很稀少。肤色是深色，但不是褐色，而是一种很脏的黄色，在有些村落还带点绿色。脸上的表情一般很严肃，很难得到他们的信任。眼神中带有悲哀，嘴巴永远是紧闭的，很少张开，就算是笑的时候也是这样。姿势很慎重，步伐很规责有力，每个动作都像他们的表情一样的冷静镇定。他们通常的姿势是坐在地上或矮板凳上，手臂环抱着膝盖。

> 他们的女人不漂亮，同样身材矮小瘦弱。胸部发育得很差，乳房很小，是圆锥形的，头发也不多。通常看起来很沮丧、淡漠。无论是服饰还是举止上都没有卖弄风情的意思，她们的审美很差。其他有些部落在这方面至少已经发展得相当不错了。①

> 射不力（saprek）族的人虽然不高，但比住在更南边部落的人高大些，按照我所测量的，射不力族的人平均身高是 62.8 英寸，体格长得更好。在头目强壮的体格下可以看到强健的肌肉，尤其是在腿上。头目的脸很宽，颧骨很高，下巴较突出。但表情较高贵沉稳。眼睛平直但不大。瞳孔很美是褐色的。嘴巴不宽，唇厚。肤色是纯深褐色的。头发通常是黑的，常带点褐色，又密又厚，剪到颈部，涂了

---

① Paul Ibis, "On Formosa: Ethnographic travels" *Globus* 31 (1877): pp. 181–187.

很多的油，用一条蓝色或红色发带、一串珠子或链子扎起来。有些还在头发上戴小贝壳或黄花。

他们的女人很强壮。身材很吸引人，腰和胸部长得好。他们看起来非常快乐满足。经常可以看到年轻漂亮的面孔，活泼顽皮的眼睛。可是老年的女人却非常丑陋，虽然他们的衣服不是没有品位，也不是身材不好。他们很朴素，穿着很紧的中国式的上衣，又宽又短的裤子很合身。除了手臂上大量的白锡和铜做的环镯以外，他们几乎不带任何饰物。[①]

柯乐（Arthur Corner）在1874年访问鲁凯族的游记中，关于毛孩社的样貌写道：

居住在这个地方的部落被称为毛孩社，这是土著居民中的一个优良部落。他们中等身高，有着宽阔的胸膛和强健的肌肉，非常大的脚和手，他们的眼睛很大，前额浑圆，大多数人都不是窄的或凹陷的，宽鼻子，大嘴巴。这个部落的女人很好看，他们的小孩也很漂亮，但是所有人的牙齿都被蒌叶损坏。他们的外貌和习惯让人联想他们和马来民族可能存在着某种联系，尽管在穿着和武器上没有相似之处。男人穿着一种短的棉布裙子，有些人有毛织的条纹布外套，有红色、绿色和橙色，但大部分人都没有外套；有些人在胸前和手臂上文身。他们从幼年时开始就带着一支矛和一把直短刀，短刀置于一面敞开的木刀鞘中；短刀用于很多和平的以及战争的目的，如砍木头，他们非常巧妙的用短刀砍木头，而这也是他们做此用途的唯一工具。女人穿一件刚刚及胸的长袖短上衣，腰上是空的，直到裙子的腰带，裙子长及小腿处，从膝盖到脚踝有棉制的绑腿盖住了腿，脚上是空的。他们的衣服是由各种深浅不一的蓝色的棉布制成的。头饰通常是一条缠绕头发的红色头巾，以及一个由野花和叶子做成的花环，这种花环在新鲜的时候很漂亮。男人的头饰是一条黑色的头巾，两端展开有褶皱和刺绣。有些男人戴着一种皮革帽子，帽子的后面有布遮住脖子，前面用动物的牙齿按星状排列装饰。[②]

泰雅族人和太鲁阁人的披肩是适应高山寒冷气候；达悟族男子的丁字裤则比较适合热带海洋气候；布农族人的绑腿、邹人的护裤，可以保护他们在山林间行走时不被茅草割伤。对于彰化附近的布农族生番的样貌与服饰，美国探险家、自然史学家史帝瑞（Joseph Beal Steere）做了如下描述：

他们看起来非常小并且卑劣，平均身高几乎不足5英尺，但他们在生活中攀爬陡峭的山坡使他们的肌肉非常强健。他们的衣服是用他们种植的一种苎麻制成，妇女编织成狭长布条，非常结实耐用，但有些粗糙，装饰一般用红色和蓝色条纹编织。男子仅有的衣服是一件粗糙的无袖上衣，上衣在大腿中间接缝。我看到有几个男人什么都不穿，只穿了窄的还不到手掌宽的，显然是用一些动物的毛发编织的红色的东西。据说这些毛发属于一个友好的部落的人。妇女穿一种束腰短上衣或褶裙。男女都是赤脚，由于长期赤脚行走，他们的脚变得和角一样硬，这样

① Paul Ibis, "On Formosa: Ethnographic travels" *Globus* 31 (1877): pp. 181-187.

② Arthur Corner, "Journey in the interior of Formosa." *Proceedings of the Royal Geographical Society* 19 (1875): pp. 515-516.

硬刺和尖锐的岩石不会刺伤他们。他们的脚似乎都非常扁平，几乎没有足弓，而脚趾伸展的很宽，大脚趾转向脚踝，几乎形成了一个直角。①

史帝瑞对熟番和平埔番的样貌和服装的描述：

> 与汉人相比，熟番更高大更强壮，但是他们的脸很粗糙，妇女们的牙齿都突出；但他们的表情表现出更加的温和和友好的感觉。他们的衣服很像汉人的贫困阶层，虽然在婚礼上和重大的仪式上穿一种民族服饰，由两个或三个无袖长披风组成，前面敞开，下面的一个披风长达脚踝，上面的更短一些。他们种植一种荨麻，并用荨麻制作粗陋但却耐穿的衣服。

> 平埔番是一个很大的完整的族群，带有一点汉人的特色，除了那些可以很容易的追溯到族群之间通婚的，但通婚很少发生。男人没有独特的服装，除非头巾可以被认为是他们的特色服装，尽管汉人也在一定程度上可以使用头巾。妇女有一种独特并且非常合适的服装，由很宽的裤子和短宽袖外套组成，外套和裤子在腰间相连，并用腰带系住。头部用一个蓝色的头巾包裹，头巾的两端拉出来，看起来像头部两侧长了翅膀，给他们特有的轻松活泼和迷人的外表。②

汉考克（A. Hancock）在1882年2月探访新店附近的少数民族时写道：

> 男子穿像被单一样的长布条，从肩膀垂下，前面敞开并打一个简单的结。腰上系一个蓝色布料制的腰带，也在前面绑一个结。他们的腿完全裸露。头上有个奇怪的贴身的柳条编成深色碗，类似一个倒置的水盆溢出。他们的头发很黑，大把的头发垂在脖子周围；他们的肤色是浅橄榄色，在这三种颜色的衬托下轮廓不是很明显。他们的表情决不会令人厌恶。女孩子的块头有点大，脸很像埃及人，让我想到木乃伊棺材里面的浅浮雕。她的穿着和男人的类似，但是她穿的更多；除了垂下的外袍，一种色彩绚丽的围裙，从腰间一直延伸到膝盖，一双合脚的鹿皮鞋。她的头发很黑，但不长，在背后扎成一束。③

原住民制作衣服的材料，主要来源于自然界，例如，动物的皮毛、天然植物的纤维。由于居住地不同，台湾少数民族不同族系，不同部落之间在服饰上各有特色。

2. 房屋

台湾原住民房屋建筑的选址，一般取决于他们所居住的地理环境。原住民因地制宜，房屋都是就地取材。早期居住在平原地区的平埔族群，他们的建屋形式主要有平台式、栏杆式，石料、竹子、茅草以及土等都是就地取材。

伊比斯（Paul Ibis）在他的民族学游记中记录了南部一些部族的房屋：

> 射麻里社和猪朥束社的村庄，跟这一带汉人的村庄并没有什么不同。都很惬意的安置于河谷的水边，有高大的竹子、菜园、耕田围起来，由独立的大家庭组成，每家住着一个家庭及其所有的亲戚。屋子是用生砖建盖的，房间通常改成长

---

① Joseph Beal Steere, "Formosa." *Journal of the American Geographical Society of New York* 6 (1876)：p. 307.

② Joseph Beal Steere, "Formosa." *Journal of the American Geographical Society of New York* 6 (1876)：pp. 304-305.

③ A. Hancock, "A visit to the savages of Formosa." *Good Words for* 1885. pp. 373-379.

条的长方形，里面没有通道，虽然沿着整个屋子的外围有疏松竹墙形成的走道相连接，每个开门处都在竹墙上有一个相对的通道。两边都是家庭不同成员的卧室，还有厨房、食物储藏间等。地是黏土或石块的。房间的侧墙上有武器和鹿角装饰，后墙则有小米堆到顶上，很小心地排好。我不知道这样做的目的何在，也许只是为了保持小米的干燥。有些长的矮凳和座椅，也用作枕头。比较富有的，还有木制的椅子、床、橱柜等家具。屋子前面的院子是长方形的，略微高起的地方很小心地铲平，保持的很干净。因为玉米都在这里打谷晒干，也有其他的工作是在这里做的。在屋子前面还有为水牛盖的圈栏，因为他们都是农民，所以都养了不少的水牛。巴龟律社的村子比较有特色。很低矮的长方形小屋，有很高很陡的屋顶，屋顶是用稻草和竹竿做的。墙只有三到四英尺高，是用竹子编成的，再用黏土覆盖。光线十分阴暗，屋子里只有一个房间，家具也配的很差。可以看出他们经常和汉人交易。每个屋子都位于一块空地的中间。屋子之间则是动物的圈栏和菜园子。家用的器皿如锅、陶器、碗、杯和农具等，都是汉人制造的。只有长凳、草席和不计其数的葫芦做的盘子等是原住民自己制作的。①

史温侯（Robert Swinhoe）在发表于 1866 年的（英国）《皇家地理学会学报》（*Proceedings of the Royal Geographical Society*）第十期、第三号的《福尔摩沙记行附录》（*Additional notes on Formosa*）中，描述了台湾西南部琅峤附近的傀儡番部落的房屋：

　　我们又被领到一个小的傀儡番（Kalee）居留地。仅有一个很长的小屋，用泥土盖的，屋顶有草覆盖。屋内由土墙分隔成个别的房子。每个房子有一间主房间，一个侧房。房间很小且低，只靠门提供光线。在此很长小屋的一端，附加了几间较为简陋型的屋子。房间里有一张桌子，一些未加工的长椅子，以及一个粗糙的木板，上面铺了一个席子当床用。没有床柱，没有床垫，也没有蚊帐。陶器只有几个蓝色图案的中国饭碗。刷白的墙上钉着牡鹿的额饰，还带着支角。鹿角也用来充当台架，搁置那些擦得很亮很亮的白色金属枪筒，以及木制的长枪托。角钉上挂着将枪筒与枪托聚拢的铜环、带有白色金属顶的通枪杆、用竹根做成碗状并经雕刻的烟斗与网袋等。都明显带有中国文明的迹象。②

史帝瑞于 1873 年 10 月至 1874 年 4 月在台湾旅行，途中写下《来自福尔摩沙的信件》（*Letters from Formosa*），并登在密歇根州安阿伯城的报纸《安阿伯新报》（*Ann Arbor Courier*）上，其中记录了嘉义附近的水番的住房：“我们立刻被领到其中的一个房子去。那是一个很大的竹制棚屋，用草覆盖。在泥土地面上不同处有四五个火堆。并有同样多的低矮竹制平台，作为床用。有几堆火就有几家人居住。中央支撑屋顶的竹子旁边摆着火绳枪、弓、箭及其他战争与打猎的附件。还挂着多串猴子、野猪、鹿及其他猎物的头骨，都经细心保存。”③

---

① Paul Ibis, "On Formosa: Ethnographic travels" *Globus* 31 (1877): pp. 181–187.

② Robert Swinhoe, "Additional Notes on Formosa", *Proceedings of the Royal Geographical Society of London* 10 (1866): p. 125.

③ Joseph Beal Steere, "Letters from Formosa", published in the *Ann Arbor Courier*: LXXIII (#71) Tamsui, Formosa, December 1st, 1873.

同时，史帝瑞对彰化附近的生番的房屋也有描述："这个房子的样式和其他的相同，约30英尺长，15英尺宽。房子所在的地面似乎是被挖空的，我们要进入房内就得往下面去，像洞穴一样潮湿。除了门没有其他的开口，所以虽然当时是正中午，仍然暗得看不见东西。房子的盖法，是堆起一个很厚的，高三四英尺的石墙，然后在固定在石墙间的柱子之间交织进树枝，再全部用茅草覆盖屋顶。我们宁可坐在外面突出的墙上，也不想进入那阴暗的地方。"①

1874年，英国基督长老教会传教士甘为霖（William Campbell）在《海洋大道：地理学评论》（Ocean Highways：The Geographical Review）新丛刊，第一卷上发表了《福尔摩沙的"野蛮人"》（Aboriginal savages of Formosa），他在探访彰化附近埔社托鲁万村庄的生番后写道："他们的房子与我在别处见到的不同。建盖时先从挖掘一个很大，方形，约4英尺深的洞或坑开始。将坑底的泥土压平实，做成地板。四围以大石头环绕建盖。这些再往上建高，形成一个高于地面3英尺的石墙。然后从一面墙到另一面墙上覆盖一个竹的构架，大得足够在每一边都突出，形成两三英尺深的屋檐。再将石板（应说厚石片才更正确）铺在上面，建筑物就盖好了。"②

居住在高山地区的泰雅族、赛夏族、邹族、太鲁阁等族群，选取石块、树木、竹子、茅草等为建筑材料，搭建自己的住屋。排湾族、鲁凯族、布农族等族群建造的"石板屋"，首先是因为当地的河床有着丰富的石板岩块，而更重要的是，黑灰色的石板房屋深藏于丛山密林中，不容易被人发现。达悟人建造的"半穴屋"，适应兰屿岛夏天多台风、冬季东北季风肆虐的气候。

3. 生存困境

在19世纪末至20世纪初，世界文明已经发展到了相当的高度，而台湾少数民族的蒙昧状态与当时人类社会的民族意识、技术水准、礼仪规范、宗教思想、风俗习惯以及科学知识的发展格格不入。在自认为文明、先进的民族和国家，台湾原住民成为当时旅行者、人类学家眼中极好的研究素材，对原住民的态度或是猎奇，或是同情。汉人则想让原住民归顺，并倚赖自身先进的文明对原住民进行压迫，汉人的开垦活动不断侵吞原住民的土地，将原住民从肥沃的平原驱逐到贫瘠偏远的山区，而原住民从旧的聚居地迁移到新的聚居地，必定会对生活在当地的原住民产生冲击，引发原住民之间的矛盾，造成"生番"和"熟番"，"生番"之间更加剧烈的矛盾斗争。

平埔族原本安逸和平的生活，因大陆垦民的到来而受到侵扰："平埔番向来都不是猎头族。除了防御目的之外，也不以武力解决问题。他们极热爱和平，甚至愿意离弃之前的家园，另觅新居地，也不愿忍受每天的争吵和持续不断的骚扰。这种向往宁静常被无道德原则的垦民大占便宜，他们常以此据有一个现成的农场。"③

史帝瑞认为，平埔族人以土地和作物为抵押向汉人借高利贷，致使失去家园，被迫迁

① Joseph Beal Steere, "Letters from Formosa", published in the Ann Arbor Courier：LXXIV［sic］(#73) Tamsui, Formosa, December 1st, 1873.

② William Campbell, "Aboriginal savages of Formosa." Ocean Highways：The Geographical Review n. s. 1 (1874)：p. 411.

③ Taylor, G, "Aborigines of Formosa", The China Review, or Note and Queries on the Far East Vol. 14. p. 286.

移离开自己的家园："平埔番无疑是福尔摩沙富饶肥沃平原上的古老居民。在汉语里，平埔番就是'平原的野蛮人'的意思。那些定居在台湾府东部的人，人数可能达到 6 000～8 000 人之间，是以平埔番、熟番、Pah-whan 等为名的原住民。他们已经接受中国的习俗，也已经归顺中国的统治。在全岛各地则可能有 25 000 人到 30 000 人。不过，仍在不断发现新的平埔族村庄。那些村庄完全被汉人垦殖者包围，但原本却不知其存在……平埔番不像汉人那么节省与勤劳。在基督教传入之前，他们习惯用土地和作物抵押，换取资金来举办崇拜偶像的盛宴与婚礼。在放高利贷的汉人手里，这类的贷款往往超过复利。他们现在都十分贫穷，且负债累累。而此岛不为人知的东部也有数千个平埔族人。他们是在不同时期移民过去的，以躲避无情的债权人。抛弃房子、土地与家庭，匿迹于高山的野蛮人之间，自此消失无踪。"①

英国赫领事伯特·艾伦（Herbert Allen）的描述中，平埔族人遭受汉人和生番的双重压迫："平埔族人采取了汉人的服装并削发辫，但他们的面容明显的显示，他们原本是土著居民或马来血统的。他们是一群单纯的安静的人，汉人蔑称为番人，也就是野蛮人，并毫无顾忌地打着租用的幌子侵占他们的土地，而原住民向官府申诉往往不被理睬。在山的另一面，他们经常被野蛮的生番割去头颅，生番把获取带辫子的人头看作是勇士的证明，一个年轻男子猎取的人头不达到一定数量就不能结婚。"②

在必麒麟的描述中，平埔族人不仅要对付客家人的压迫，还要防范山地原住民猎取人头，经常受到生番的攻击："当天傍晚，我们终于到达苓蕉脚（Keng-chio-ka，即今高雄县甲仙乡大田村的田寮仔），这是平埔族在汉人领域中最偏远的部落。此地居民的主要工作是防卫，一边要对付客家人的压迫，一边要防范山地原住民来猎取人头。这些人通晓汉语，但不流利，主要的语言仍是母语。他们因与山地原住民通婚，故对原住民比对客家人友善……苓蕉脚不时遭受芒仔社和万斗笼社的攻击。收割时节，这两社原住民常常潜伏在稻田边的丛林中，伺机袭击苓蕉脚人。在几个星期之前，就有几名苓蕉脚妇女遭芒仔社人杀害。"③

史帝瑞探访彰化附近的熟番后，写下了生番对熟番攻击的记录："这个山谷完全被野蛮人居住的群山和森林包围着。这里的熟番通常与野蛮人和平相处，并每年进贡大米和牛给他们，但尽管如此，他们仍不断因野蛮人的攻击而失去自己亲人的性命，山谷中每年都有约 12 人或 14 人在他们的田地里劳作、捕鱼或打猎时被杀。失去生命之人的朋友和亲人知道的消息只是发现了没了脑袋的身体躺在被袭击的地方。"④

柯乐在 1874 年探访屏东的鲁凯族的游记中认为，原住民将会在几年之内灭绝，表达了对原住民即将灭绝的痛惜："没有人不会对这些人感兴趣，他们的礼貌和外表都如此有魅力，而想到在几年之内这些人可能会灭绝不免令人痛心。这是可能的，在不同的环境下，

① Joseph Beal Steere, "Letters from Formosa", published in the *Ann Arbor Courier*：LXXVII (#76) Taiwanfu, January 10, 1874.

② Herbert J. Allen, "Notes of a journey through Formosa from Tamsui to Taiwanfu." *Proceedings of the Royal Geographical Society of London* 21 (1877)：pp. 260-261.

③ William Alexander Pickering, *Pioneering in Formosa*, London：Hurst and Blackett, Limited 13 great Marlborough street, 1898. pp. 119-120.

④ Joseph Beal Steere, "Formosa." *Journal of the American Geographical Society of New York* 6 (1876)：p. 305.

这些人可能会成为对社会有用的人，正如我见过的一些非洲种族一样。他们对汉人如此反感，以致双方之间频发战争；落入汉人手中的野蛮人，不论是爱嬉戏眼带笑意的女孩，还是优雅地带着长矛的男孩，或是老人，一旦在他们的权力范围之内就会被处死；而这一政策是针对野蛮人的，他们不得不屈服于如此众多的敌人。"①

汉考克（A. Hancock）也认为原住民的生存之日屈指可数，同情原住民的遭遇："（原住民）留在我心中的印象是混乱且很悲伤的。我在一群生存之日可以数出来的人当中生活，这群人显示了各种宽容和亲切的性格特征，但他们的自然性情，即便是在工作中，似乎都不适合文明国家的传统；他们的无知和愚昧可以让他们在眼前小利的诱惑下出卖了他们神圣的森林，正一步步成为现今时代贫穷和愚昧的孩子，邻居肆无忌惮的、经常性的欺骗和雇佣，盛怒之下的受害者，没有人帮助，也没有人同情他们。"②

必麒麟在1863—1870年居留台湾期间，广泛接触平埔族，并不时深入南部山区，探究当时汉人避之唯恐不及的原住民。关于台湾原住民的人口他做了如下记录："台湾的平原上约有300万的汉人，50万名熟番，至于生番的数目则无从查起。如果按照勇士的数目来计算，则小族约有30名到100名勇士，大族拥有1 000名到2 000名战士。"③

关于台湾原住民人口，达飞声（James W. Davidson）在1903年出版的《福尔摩沙岛：过去与现在》（*The Island of Formosa：Past and Pesent*）中有相关记录："在日本人来台之前，台湾的中国汉人人口保持在200万到300万之间，原住民人口在20万以上。"④ 1903年的一项调查显示，台湾原住民人口数据，包括平埔番，如表6所示。

表6 1903年台湾原住民人口数据

族名	部落数量（个）	房屋数量（座）	人口（人）
泰雅族	197	5 567	23 460
布农族	144	2 072	16 610
邹族	39	331	2 961
鲁凯族	105	5 572	27 860
排湾族	110	3 021	15 982
卑南族	8	1 314	4 891
阿美族	84	3 183	21 775
总计	687	21 060	113 539

注：表格引自 James W. Davidson, *The Island of Formosa*, Macmillan & Co., London and New York, Kelly & Walsh, Ld, Yokohama, Shanghai, Hongkong, and Singapore, 1903, p.564.

---

① Arthur Corner, "Journey in the interior of Formosa." *Proceedings of the Royal Geographical Society* 19（1875）：p.517.

② A. Hancock, "A visit to the savages of Formosa." *Good Words for* 1885. pp.379.

③ William Alexander Pickering, *Pioneering in Formosa*, London：Hurst and Blackett, Limited 13 great Marlborough street, 1898. p.74.

④ James W. Davidson, *The Island of Formosa*, Macmillan & Co., London and New York, Kelly & Walsh, Ld, Yokohama, Shanghai, Hongkong, and Singapore, 1903. p.561.

1922 年，英国人类学家蒙哥马利·麦戈文（Janet B. Montgomery Mcgovern）作为第一位走进台湾少数民族的女性白人，在她的著作中记录了土著居民的人口数量："土著居民的人数自然地更难判断。但现在土著居民的人数在实际上不可能超过 105 000 人。我个人怀疑认真实行人口普查会揭示出它的人数。可以肯定的是，土著居民人口数量在稳步减少，而所有的部落都被驱逐到更加偏远的山区去了，或者像阿美族和排湾族这些部落一样，被严格地限制在贫瘠的东部海岸。"①

原住民的汉化，汉人对原住民的欺压，"生番"对"熟番"的攻击，"生番"各族各部落之间的战争，这些都导致台湾少数民族的生存空间被压缩，人口急剧减少，成为一个日渐走向消亡的族群。

（二）台湾少数民族生产活动

1. 农业

台湾土壤肥沃，土质很好，故农业是台湾少数民族的主业，种植的作物有稻米、小米、小麦、番薯、甘薯、花生、蔬菜、香蕉等。

伊比斯在他的民族学游记中记述了居住在彰化东北约 20 英里处的熟番的主要农作物："熟番主要以农业为主。除了稻米、蔗糖、槟榔以及各种水果，还种植木蓝属植物、茶叶和烟草。此外，他们还种樟脑，并把樟木运送到彰化。"②

中国海关税务局职员，英国人泰勒（George Taylor）探访了居住在台湾最南部的排湾族："排湾族人通常喜欢打猎与捕鱼胜过农耕，然同时也不完全忽略农耕。在汉人到来之前，以及荷兰垦民到来之前，土地最主要的产物是稻米、粟、粗粟、甘薯、芋头、番薯、青豆、甘蔗、香蕉和烟草。"③

史帝瑞在考察彰化附近的生番后，对生番的农业耕种进行了描述：

> 他们没有可耕种的山谷，被迫耕种山坡上的土地，这些土地如此的陡峭，我们必须手脚并用才能爬上去。他们把树木砍掉，留在原地让树木干燥后放火焚烧，烧掉树叶和较小的树枝，留下树干和树桩。然后他们垒起低矮的不规则的梯田田埂，防止土壤和农作物被冲走，山坡上布满了这样的梯田。他们种植番薯，以及一种无需灌溉的稻米，但他们最重要的食物是粟。经过几年的耕种之后，他们让土地再次生长，第二次生长的通常是一种赤杨类植物。休耕几年以后，土地准备好再次被清理和耕种。他们的工具是他们的刀和尖锐的树枝，耕种土地如此的陡峭，使得一使用这种简陋的工具，一不小心就会滑下一百多磅的石头和泥土。④

史帝瑞还在同一书中记录了打狗（高雄）东面山中的傀儡番的农业耕作方式，与生番

---

①　Janet B. Montgomery Mcgovern, *Among the Head-hunters of Formosa*, T. Fisher Unwin LTD London: Adelphi Terrace, 1922. p. 87.

②　Paul Ibis, "On Formosa: Ethnographic travels" *Globus* 31（1877）: p. 205.

③　Taylor, G, "Aborigines of Formosa", *The China Review, or Note and Queries on the Far East* Vol. 14 No. 3（1885）: p. 125.

④　Joseph Beal Steere, "Letters from Formosa", *Journal of the American Geographical Society of New York* 6（1876）: p. 309.

的农耕大同小异：

> 傀儡番耕种陡峭的山坡，和北部的生番一样，用杂草和一点儿石板做边缘防止土壤和作物随雨水冲下山。他们主要的作物是粟和番薯，同时也种一种无需灌溉的小芋头，而汉人种植的作物必须一直灌满水。在我们到他们中间时，是2月底，他们正在种粟。他们的农业器具是尖锐的树枝，有些分叉成两三支，像草叉一样，有些用铁包裹着。很多刚开花的芒果树散布在他们山间的小田地上，很明显的是这些野蛮人种的作物受到他们的保护。①

从以上西方人的记录中可以看出生番的农业经营方式，处于一种刀耕火种的状态，先用石斧，后来再用铁斧砍伐地面上的树木，草木晒干后以火焚烧。经过火烧的土地变得松软，不翻地，利用地表草木灰作肥料，播种后也不再施肥，一般耕种一年后易地而种，属于原始生荒耕作制。

2. 狩猎

台湾少数民族的农业生产力落后，农作物产量低，畜牧业也还没有发展起来，原住民为了获取食物，不得不想方设法猎取野兽，狩猎成为其重要的食物来源。

英国驻中国海关税务司怀特（Francis White）在1866年为代理海关税务司驻打狗，负责台湾南部港口税务及通商事宜。怀特在驻打狗期间曾去过六龟里（Lakuli，屏东县六龟乡）两次，在1868年1月底的一次探访中参加了当地熟番的打猎，并做了如下记述：

> 几个附近的猎人来拜访，因此我们约好第二天一起去打猎。他们保证很容易就可以捕猎到鹿、野猪、野山羊以及其他各种野味。这些人是很优良魁梧、身材高大、健壮的男子。穿上打猎的盛装好看极了。他们都是士兵，但除了最紧急的情况外，从来不被召集。他们的火绳枪都保持着最佳状态，安装有一个托柄，很像欧洲的枪。枪管一定是用极好的金属制成，因为仅仅是火药量，就比一个手掌的宽度更大。的确，枪常常会反冲，但这似乎没什么不利。在一百码的射击练习时，靶子是在一棵中等大小的树上刻的一个记号，射击效果不错。第二天我们很早就在六龟里的朋友的陪伴下离开，前往打猎场，在前进途中陆续有人加入我们，还带着一群看起来最不相称的杂种狗。我们无法称它们为猎犬，但是它们很好控制，并很好地做了它们的工作。朝着谷顶极速行走大约一个半小时，攀越各种形状的、大小不一的石头，我们来到了一个美丽的溪谷，我们在那里停下，将那群猎狗和驱出野兽的助手派出去。我们每个人都被指定去一个接近目标的角落，就是野兽可能突围的地方。在这里约由半打有经验的猎人伴随，我们屏息地等着，听着猎狗的吠声，以及那些助手的喊叫声。但时间慢慢过去，除了一次假警报以外，什么也没有发生。那些助手在离开半个小时以后，带着猎狗回来了，告诉我们野兽已经突破包围逃走了。我们又在其他地方尝试，还是不成功，觉得不吉利，

---

① Joseph Beal Steere, "Letters from Formosa", *Journal of the American Geographical Society of New York* 6（1876）：p. 313.

就返回家了。①

这次狩猎怀特认为是失败的，没有捕猎到野兽，在他离开六龟里的前一天又参加了一次狩猎："最后去打猎那天是有收获的。天一亮我们就出发了，由一大群全副武装的猎人陪同，我们沿着河岸朝南方行走了约15英里，过河以后发现我们在生番的地界。河岸与群山之间有一块平坦的空地，宽约半英里，长满了又高又粗的草，高达我们身体中段的地方。我们中大部分人在这里排成一个半圆形，面朝里。其余的人带着狗爬到山丘的一侧，开始驱赶野兽。很快就有一只很好的牡鹿突围出来，马上就成为了瞄得很准的火绳枪的牺牲品。我们在下面的人，只能听着枪声，看到那动物像石头一样滚下山。这是一只成年的大野兽，两个男人来抬都还有点困难。又驱赶了一段时间，没有收获。我们就返回。"②

狩猎在原住民的生活中占有重要地位，原住民各族群部落都有其特定的猎场范围，彼此互不侵犯，若有违反，轻者遭受惩罚，重者就会引起部族间的战争。狩猎工具从原始弓箭、设陷阱到现代火枪一应俱全。"他们的弓是最粗陋的，用硬木做成，中间有一个凹口的支架，线松时可搁置。箭是用最坚实的一种有节芦苇做的，大约为二又四分之一英尺长。既没有羽毛也没有凹口可安置在线上。铁的箭头，形状像一个铁钉、矛头或者鲨鱼的牙齿，戳入芦苇的一端，用线紧紧绑牢。箭头是很尖锐的，但以直线只能射及很短的距离。番人一定会先接近目标，等目标在数码内才射击。他们用大拇指和第二、三指来拉弓，从左手握弓的曲起的食指射出。矛枪是以铁的矛头戳入长的竹竿或木棒的一端，在那一端用藤和竹子牢牢缠绕绑紧。"③

原住民狩猎的对象包括鹿、羌、山猪、猴子、熊、鹰等，种类繁多，但绝不滥杀动物，猎杀动物的数量是以满足族群内人们衣食的基本需求即可。猎物的肉是他们的食物来源之一，外皮和羽毛则拿来制作御寒蔽体的衣物和饰物。

3. 饮食

原住民的食物中，主食有玉米、稻米、糯米、番薯和芋头，肉类有鱼、鹿、山猪和熊等，酒是小米酒居多，也有汉人的烈酒。

> 原住民的主食是玉米、旱稻、糯米、番薯和芋头。肉类食物有干鹿肉、山猪肉及熊肉。他们同时还是优秀的渔夫，除了钓竿外，还使用一种有毒的老藤根茎，放在水中毒鱼。他们除了喝汉人的烈酒以外，还喝自制的用小米做的酒。用小米做成一种凝胶物，用的时候掺一点水就可以当饮料喝了。他们吃饭的时候，会喝些冷水，有时也饮用热的红辣椒水。吸烟、嚼槟榔是他们很普遍的习惯。④

---

① Francis White. "A visit to the interior of south Formosa." *The Cycle：A Political and Literary Review*, 17（27 August 1870）：p. 198.

② Francis White. "A visit to the interior of south Formosa." *The Cycle：A Political and Literary Review*, 17（27 August 1870）：pp. 198-199.

③ Robert Swinhoe, "Additional Notes on Formosa", *Proceedings of the Royal Geographical Society of London* 10（1866）：p. 126.

④ William Alexander Pickering, *Pioneering in Formosa*, London：Hurst and Blackett, Limited 13 great Marlborough street, 1898. pp. 70-71.

他们一天吃三餐，早上七点一餐，中午一餐，太阳下山的傍晚时分一餐。每餐的主食是米饭，跟汉人一样。再加上煮的或烤的番薯、烤花生、青豆、包心菜和其他的蔬菜。有时有猪肉（水煮或煎烤，是他们很爱吃的）、猎物、动物的内脏、鸡鸭类、鱼（也是用不同的方式烧的，但总切成小块）等。由于他们自己种稻米，所以小米就比其他部落吃得少。主食里不放盐，盐似乎是当零食吃，因为我看到他们就像吃糖一样地单吃盐，不加别的。①

生番的饮食非常的原始，食生鲜肉：

那天他们猎到了一只熊，并且给我们一块还温温的生鲜熊肉，但是我们无法像他们一样品尝温的生熊肉，所以婉谢了。妇女们就去割一些山米，把谷子打下后，把它放在一个大的盘子里用力敲以便去谷，再倒入一个臼里用一只四尺长的木杵在中间捣米，不久，内谷就脱落可以入锅煮了。有三把旧刀插在地上作为撑锅子的炙叉。晚餐时，每个人就用木勺和手指把饭做成饭团，再加几片熊肉，随勇士个人喜爱的口味在火上烤。②

台湾东海岸南部的奇莱平原的原住民在19世纪末已经被汉人征服，但还没有真正地开始汉化，他们在饮食上仍保留着非常原始的特点："米是主要的淀粉食物，吃饭时，在地面上摆上一个大盘子，全家人就蹲在盘子周围，他们不用汤匙或筷子，而是用拇指和两个手指拿饭来吃。还有一块生肉作为吃饭时的佳肴，他们不用刀子切成小块，而是直接用手指和牙齿来撕咬。"③

原住民在用餐过程中有一些特殊的礼节。平埔族人喝酒、吃饭之前以酒和食物祭祀神灵：

吃饭的时候，我观察到平埔族人的奇特风俗。喝酒之前，他们用手指头沾一点番薯酒，向四方喷酒，同样的，他们吃饭之前也会散布一些食物，据说是为了祭祀祖先神灵。④

头目很恭敬地带领我进入屋子，递给我一个手填的烟管，转向聚集在这里的众人，开始讲一段很长的话。他们多是看起来很诚实体面的男子。这时又要再喝烧酒。然后整群人进入屋子的第二个隔间。那是一个很高很宽的房间，炉子上愉快爆裂的火让屋子光线充足。地上有个像饭桌的家具，上面放满了热腾腾的碗盘。女人们还在桌上摆这摆那的。推过来一些小的不到三英寸高的板凳。然后要我们入座，头目要我坐他旁边。其余的客人也全都各自按年龄、地位的高低坐下。在大家都有米饭、筷子、烧酒了以后，主人站起来，一边把酒洒在他的身边，一边嘴里念念有词。事后我得知那是对恶鬼、神灵的祈求。他也同样用米饭这样做。

① Paul Ibis, "On Formosa: Ethnographic travels" *Globus* 31（1877）: pp. 196-200.
② George Leslie Mackay, *From Far Formosa*, Fleming H. Revell Company, NewYork, Chicago, Toronto, 1896. p. 263.
③ George Leslie Mackay, *From Far Formosa*, Fleming H. Revell Company, NewYork, Chicago, Toronto, 1896. p. 246.
④ William Alexander Pickering, *Pioneering in Formosa*, London: Hurst and Blackett, Limited 13 great Marlborough street, 1898. p. 119.

从我坐在那里起，在场的人没有一个人吃东西，所有人的注意力都在判断我的个性。只在有人给我送茶，以及给我热水洗手、漱口，而我站起来时，他们才开始吃喝。胃口好得令人羡慕。顺便一提，他们的菜并不差呢。至少在我看来比中国菜味道更好。有些烹饪方式，如酸鹿肉的做法，即便是在欧洲的厨艺上也能得到赞誉。①

台湾少数民族在饮酒时有两人共饮习俗，用相连的两个杯子，以手搭在对方的脖子上，这是他们表达亲善的一种方式。"男性普遍喝酒，他们敏捷地相互传递酒，用一种特制的杯子喝酒，这种杯子是从同一块木头刻出的两个杯子。他们喝酒时，手绕着对方的脖子，互相依靠在一起。"②

（三）台湾少数民族风俗习性

1. 出草

出草是台湾少数民族猎人头习俗（猎首）的别称，就是将敌人的头颅割下的行为。猎人头这一野蛮习俗，因其神秘与稀有，吸引了大量西方人的目光，在近代来台的西方人的著述中有许多关于猎人头的记录，很多西方人都看到了台湾少数民族猎获的头颅。

甘为霖在探访南投县附近的托鲁万村庄的生番时，看到了生番猎取的大量的头骨："第二天很早起来，我鼓起勇气走出屋子看看这个地方。首先引起我注意的是一串头骨，绑在酋长屋子的末端。几乎全都是裂开的，不少还有一些人肉黏附，好像是一两个月前才从身体上割下。多数其他的屋子也都是这样装饰的。在一个小草屋那边，我数了数，总共有 39 个头骨，另一家有 32 个，第三家有 21 个，等等。有人告诉我，那些是他们部落间打仗胜利，以及成功袭击高山西边居民的战利品……在走进那个大茅屋时，看见更多这些生番堕落的证据。许多看起来很可疑的器具乱丢在那里。其中一个橡木上垂下厚厚的一团长发，毫无疑问，是由被杀害的熟番和汉人的辫子组成的。他们的头骨正在外面漂白。"③

英国领事布洛克（T. L. Bullock）在 1873 年 11 月赴雾社群部落的猎人头部族探险，记录了他看到的头骨：

起初人不是很多，但那些接待我们的人还算友好地接待了我们，虽然不是以一种很热忱的态度。我们到达后不久，在村子里闲逛看看有什么可看的，我们在一间屋子前发现了一排放在架起的板上的头骨。有不少于 25 个头骨，有些还没有泛白，有的显然年代已久。我们注视着这些头骨很久，我们的一个伙伴坐了下来，为这些头骨做素描。这一举动以及我们的凝视，激怒了这些土著人，并开始怀疑我们到这里来的动机。我们的向导很害怕，坚持要我们静静地坐着，不要再闲逛。④

---

① Paul Ibis, "On Formosa: Ethnographic travels" *Globus* 31（1877）：p. 183.

② William Campbell, *Sketches from Formosa*, Marshall Brothers, Limited, London, Edinburgh, New York, 1915. p. 203.

③ William Campbell, "Aboriginal savages of Formosa." *Ocean Highways: The Geographical Review* n. s. 1（1874）：p. 411.

④ T. L. Bullock, "A trip into the interior of Formosa." *Proceedings of the Royal Geographical Society of London* 21（1877）：p. 270.

出草前生番们会进行占卜，获得好的、吉利的预告就出发，若是不详的预告就推迟出征猎人头。

　　当一个男孩成年的时候，他要以他的第一次出草作为庆祝。通常有若干个差不多同龄的男孩子一起去他们的第一次出征，并由同一个部落中年长的和经验丰富的勇士陪着。在出征猎人头之前会进行占卜，通常是鸟占，占卜所得的结果有利的还是不利的预告决定出草是立即进行还是要推迟。泰雅族人认为以一种奇怪的人数出草会更吉利。他们似乎认为猎取人头的机会更大，这样让男孩子成长为男人，因此形成了"幸运数字"。①

马偕在他的著作中描述了生番出草的过程：

　　生番比较喜欢在夜里出草去猎人头，出征时都是一组人一起去。通常选个附近没有邻居的房子，先将它包围在一个圈子中，然后再慢慢缩小圈子，直到信号发出就出手完成出击。有时会先让一人悄悄地趋前放火点燃屋顶的干茅草，当屋里的人往外面逃时，立刻被刺死，头被砍下放入袋子中，没多久，除了燃烧的灰烬还在发出噼噼啪啪的声音外，什么也听不到了。如果不急着办事，猎人头者会先把门堵住，再用湿的草把所有的缝隙和开口堵住，让屋里的人在里面被浓烟呛死，然后再把他们的头颅割下。这种方法只有在附近都没有人可以来救的孤零零的房子才安全。如果找不到这样的房子，生番会看好城里有演戏或其他活动的日子，因为乡下的人可能会进城而且留到很晚才回家，因此晚上在这种小路上行走都是不安全的。若是这种方法也没能得到人头，他们就会埋伏等待农忙时早出或者晚归的农民和他们的家人，当农夫、农妇们整天忙着锄田或在地里插秧除草时，不那么警觉，是生番们最容易下手的对象。渔村的妇女和小孩最害怕的就是渔夫们傍晚出去捕鱼的夜晚，有时等渔夫归来时，妻子儿女可能都已经被残忍的生番杀害了，因为在村庄后面的山上，生番们把村子的动静都看得清清楚楚的。②

生番们猎到人头后会尽快回自己的村子，全村的人都会到村外迎接这些勇士。回到村子后，猎取的头颅先放在广场上，用酒祭献给被斩了头的人的灵魂，并且请求这些灵魂让猎头者能再成功地获取其他汉人的头颅。接着进行狂欢庆祝，喝酒唱歌跳舞，直到第三天，才把头颅做处理，处理的方式各部族有所不同。

　　如果勇士们成功了，即他们带回一个或更多的被杀死的敌人的头颅，会有一场男女共享的盛大宴饮。在这方面，福尔摩沙的宴会与其他许多原始群体的勇士的宴会不同，那些宴会中只有男人才是宴饮狂欢的人。这一区别在宴会后的跳舞中更加突出，男人和女人都跳舞，Deniker曾得出结论说马来男人不跳舞，而福尔摩沙的土著居民是一个例外。在宴饮和跳舞中，妇女们还会喝酒，他们自制的小

　　① Janet B. Montgomery Mcgovern, *Among the Head-hunters of Formosa*, T. Fisher Unwin LTD London：Adelphi Terrace，1922. pp. 112–113.

　　② George Leslie Mackay, *From Far Formosa*, Fleming H. Revell Company，NewYork，Chicago，Toronto，1896. pp. 271–272.

米酒，也会吸烟。①

　　有的在村子里用竹竿做一个三脚架，把头颅挂在顶上；有的把头颅放在外面任由风吹日晒，直到肉都脱落。而把头拿来煮然后把肉吃掉的倒是很少，但把脑髓煮成胶，再把它作为饱腹的佐料倒是很常有，他们还曾把这种胶作为珍品请我品尝。等人头上的肉全都剥落后，头骨就被当成奖品一样挂起来，有的挂在屋里，但最常挂在外面的屋檐下。谁家的头颅挂的最长，就最受部落的人羡慕。这些头骨挂上后就一直留在那里，长年累月的受烟气和雨水，看起来更加可怕。而辫子则都挂在屋里。②

　　猎人头的习俗是具有复杂的动机的。少数民族会因为争执或仇恨而猎人头，但是也可以为了祈福而猎人头，泰雅族人认为，头是人类灵魂之所在，猎取的头颅有神秘的力量，可以用以祭祀祖灵，为族人祈福；或者是为了表现自己的英勇而猎人头，对男人来说，猎人头的数量关系到社会地位的高低，不会猎头的男人不能文面，还不能算是男人，也不会有女子会跟他结婚。

2. 文身

　　文身作为人类历史文化的一个部分，延续至今已经有 2 000 多年。我国台湾高山族、彝族、傣族、独龙族、黎族等少数民族都有文身习俗。台湾原住民中，有文身习俗的族群，北部以泰雅、赛夏族为主，文身主要部位是脸部，族里人人都要文身；南部文身以排湾族为主，还有邹族、卑南族、鲁凯族等，文身主要部位是肢体。

　　史帝瑞在探访生番时记录了他们的文身方式："这些年轻的女孩子都以一种奇特的方式文身，让他们看起来一点都不漂亮，不过在部落的年轻男子看来可能很美。就我所知文身是用煤烟，从耳朵到上唇纹三条细长的平行线，再从耳朵到嘴角刺三条平行线，又从耳朵绕到下巴再刺三条。在这几套线条之间有两个空白处，刺着交叉线条，使其形成小菱形。脸的下半部分有如此大量的文身，让年轻妇女脸色看起来十分暗沉，老年妇女的刺青则褪成蓝色。另外，额头上还有长方形的横条，四五个左右。同样的刺青在膝盖下小腿前段上也有几个。男子只在额头上有一个垂直的小块文身，另外，下巴上也有一个。据说有人每猎取一个人头就在胸上纹一条线，勇士以其线条数目多少而知名。"③

　　史帝瑞还记录了高雄以东地区的傀儡番在手上的刺青方式："他们脸上不刺青，但妇女横过手背刺有三条宽纹。每个指节上刺一个十字形。沿着手指的下部关节刺两三条细线。男人则沿着手臂外刺条带，横跨过胸部的上部。"④

　　① Janet B. Montgomery Mcgovern, *Among the Head-hunters of Formosa*, T. Fisher Unwin LTD London: Adelphi Terrace, 1922. pp. 113–114.

　　② George Leslie Mackay, *From Far Formosa*, Fleming H. Revell Company, NewYork, Chicago, Toronto, 1896. p. 274.

　　③ Joseph Beal Steere, "Letters from Formosa", published in the *Ann Arbor Courier*: LXXIV［sic］(#73) Tamsui, Formosa, December 1st, 1873.

　　④ Joseph Beal Steere, "Letters from Formosa", published in the *Ann Arbor Courier*: LXXIX (#78) Canton, China, April 10th, 1874.

泰雅族人在五六岁时都要文身，同时男孩子还要开始接触敌人的头颅。"泰雅族文身在脸上。一个孩子，不论男孩女孩，长到五岁时，会在前额上刺一组平行线，每条线长约半英寸。这组线条上还有一组同样的线条，从眉心到发线；这个图案完成后给人的印象是一个很好的条纹长方形，宽半英寸，高两寸半。通常几个孩子会一起文身，在一个宴会和跳舞的场合上。孩子们通过这个仪式，正式成为部落成员，享有权利和某些特权，同时也要承担一些责任和义务。通常男孩子在这个时候要把手放在他父亲猎取的敌人的头颅上。"①

有些部族的人只有在成年并猎取了头颅以后才能文身，这是勇士身份和地位的象征。"他们的文身，说来也怪，似乎并没有使这些土著居民变丑，事实上，反而让这些人看起来更活泼。所有人的文身都是一种模式，就好像一种淡蓝色的纱带或绸带，从耳朵前面开始，倾斜到嘴角，并在这里分开，一半往上走，左右两边的线条在鼻子下交会，另一半则经过下唇，在下巴处相交。文身是淡蓝色的。男子脸部两侧没有任何文身，仅在前额下方有一个窄带，约半英寸宽，由紧密的平行线组成。这只有在一个人参与了袭击汉人的队伍以后才会刺上去；当他自己杀死第一个汉人并带回第一个人头以后会在下巴上刺一个类似的条纹。除了小孩，所有在场的成人都有这个徽章。"②

文身的习俗在日据时期已逐渐被禁止，现在仍保留文身习俗的只有少数老人。而台湾原住民文身主要是成年及婚姻关系的符号，有的还代表了自己的地位和勇猛。

3. 婚姻

台湾原住民的婚姻，因各个部族社会组织的差异而有所不同。父系社会的泰雅族、太鲁阁族、赛夏族、布农族、邹族、邵族等族群采取"嫁娶婚"；而母系社会的平埔族、阿美族、卑南族人，过去采用"招赘婚"，女子有选夫的权力；排湾族、鲁凯族人则因"贵族、士、平民"的等级制度而衍生出门当户对的"同级婚""升级婚"和"降级婚"。

1874年，台湾发生"牡丹社事件"，美国驻日本记者爱德华·豪士（Edward House）于5月初到7月初，以记者身份随日军在恒春采访"惩罚"排湾族。其间，他参加了一个社寮平埔族头目的孙子迎娶山区部落女子的婚礼，还被当地人怂恿进新房采访新娘：

> 新房布置的非常华丽，新娘坐在床边，旁边还有两位伴娘陪着。婚姻生活还没有正式开始，新郎不能接近新娘，不能进入新娘所在的房间。我看见他在远处徘徊，一身白衣，脸上有着很明显的抑郁的表情。年轻的女子也穿着白衣，头饰非常繁琐，上面有银圈，水晶流苏饰物和各种金属饰物挂在银圈上，饰物多得几乎盖住了整个头部，几乎看不清新娘的脸了。我被安排坐在新娘对面，新娘起身给我端来一个装有糖果的盘子，弯身并露出她的脸。新娘的美丽还不足以吸引新郎长途跋涉去射麻里提亲，但清秀可人，给人亲切的印象，有着丰满的身材，而脸上没有福尔摩沙女子常有的刺青。③

---

① Janet B. Montgomery Mcgovern, *Among the Head-hunters of Formosa*, T. Fisher Unwin LTD London: Adelphi Terrace, 1922. p. 188.

② A. Hancock, "A visit to the savages of Formosa." *Good Words for* 1885. pp. 375.

③ Edward House, "Formosa: The Japanese forces in a position to bring the pirates to terms." *New York Herald*（20 August 1874）.

在台湾原住民的婚俗中有献工习俗，即年轻女子帮喜欢的男子在家里或在田里干活，以获取对方的认可；有的部族则是男子帮女子干活，分担女方的家务、农耕等工作，女方家长同意后，就在家里给男子放一套干净衣服，表示认可了这个女婿。

英国长老教会传教士李庥（Hugh Ritchie）探访台湾东海岸的平埔番村庄时写到："与他们的汉人邻居不同，他们婚姻安排完全交给他们的孩子。如果一个少女喜欢一个少年，她会表达她的爱意，通过每隔一天给她的心上人工作帮忙，或者在他父亲的家里，或者在田里；如果女孩成功地赢得男孩的喜爱，就把男孩带回女孩父亲的家里。在婚礼那天，新郎带一件礼物送给他的新娘：衣服、一把枪和一个罐子；婚礼上杀一只猪，还分发酒。如果丈夫想带他的妻子去别处，妻子在她的父母在世前是不会随他去的。"[1]

原住民的婚姻与宗教仪式紧密联系，结婚前要请巫师或女巫占卜、定婚期等，婚礼上必须要有部落中最崇高的巫师出席，某些婚礼上会有几个巫师一起出席。"在婚礼上，新郎和新娘都盛装，新郎带着成功的勇士帽和长刀，他们蹲坐在由亲人和朋友围成的圈中。在大部分的部落中，新郎和新娘背靠背蹲坐着。一个女巫，或者更经常的是数个女巫，围绕着这对年轻夫妻跳舞、摇晃、念咒，用他们的刀剪下头发，以赶走邪恶的灵魂，否则这些恶灵会袭击这对新婚夫妻。在刀舞结束前，首席女祭司通常会在新郎和新娘的大腿上轻轻地割一刀，挤出几滴血，并让两人的血在她的刀上融合在一起。这样做似乎也是因为那些邪恶的灵魂会破坏圆满的婚姻。仪式过后就是盛宴和饮酒，饮酒中包含一个仪式，即新郎和新娘一起用同一个头骨饮酒。这个头骨是新郎自己从敌人身上获取的较好的头骨，而在泰雅族中，这个头骨通常是婚礼当天获取的。布农族和排湾族通常满足于用新郎的父亲或祖父获取的头骨。"[2]

虽然嫁娶婚、招赘婚，每个族群会有所不同，但是原住民对婚姻很忠诚，禁止近亲通婚、一夫一妻制等规定，每个族群都严格遵守。双方家长的媒妁之言或自由恋爱，在原住民社会风行已久。但是离婚率很低，婚外情、乱伦等情况是绝对不允许的。一旦发现不法的情事，男女双方都会受到族人的鄙视和严厉的谴责。

4. 疾病与丧葬

台湾少数民族多数族群都认为，疾病是恶灵作祟。而他们的女巫师是既通鬼神，又兼医药的人。所以一旦有人生病，就请女巫师"治疗"，如：

> 阿美族人把疾病归因于鬼魂和幽灵的敌意。疾病由女巫师负责，她们承担着平息幽灵的愤怒并赢得他们的喜爱。她通过观察一个浆果的运动来判断病人痊愈的可能性，这个浆果是放在一个葫芦上的。[3]

> 所有疾病都要召唤一个女巫师。通常的程序模式是，这个女巫师先在病人身

---

①　Hugh Ritchie, "Notes of a journey in east Formosa." *The Chinese Recorder and Missionary Journal* 6（1875）: p. 208.

②　Janet B. Montgomery Mcgovern, *Among the Head-hunters of Formosa*, T. Fisher Unwin LTD London: Adelphi Terrace, 1922. pp. 159-160.

③　James W. Davidson, *The Island of Formosa*, Macmillan & Co., London and New York, Kelly & Walsh, Ld, Yokohama, Shanghai, Hongkong, and Singapore, 1903. p. 575.

上甩一片香蕉叶，边甩边吟唱。这明显是为了驱走或吓走在病人身上徘徊的任何有邪恶倾向的 ottofu。然后，她坐在患者旁边，开始吮吸患者身上最疼痛的地方，并往那里吹风；她时不时停止吮吸，前后晃动她自己的身体，等她平衡以后，立即就开始念咒然后又开始晃动。如果女巫师怀疑是一个活着的敌人的精神 ottofu 引起了疾病，那么她会把她的黑白条纹的竹子投向空中，等竹子掉落，她会根据竹子的形状决定谁要为患者的疾病负责。这个有罪的人随即会被病人的亲人猎取人头，引起一场血斗，因为他们认为由活着的人引起的疾病和痛苦，可以通过这个罪人的死亡来治疗。①

原住民的死亡有善死、恶死之分。恶死者是指死于非命的人，像凶杀致死、战死、横死山野路边的人，这些死者必须就地埋葬，不得带回部落，以免恶灵侵害族人。自然死亡的人为善死者。对于善死者，一些族群习惯用"室内葬"，例如泰雅族、布农族、排湾族、鲁凯族、卑南族、邹族等族群，他们通常都采用"屈肢葬"，即尸体采用蹲踞的姿势，然后家人用布包裹扎紧死者，并在自家的屋里挖一个方洞，垂直放入尸体，最后再用土和石块填平。达悟族人在野外开辟墓园安葬死者。又如：

> 泰雅族中有人去世后，家人会悲痛的哀悼亡者。他们在尸体上放置新衣服，尸体被鹿皮或者宽大的衣物紧紧包裹着。西部的泰雅族人在亡者生前睡觉的房间里挖一个墓穴，把尸体埋在那里。家人继续为亡者哀悼，持续时间从10天到30天不等，当房子被永远弃置时，这里就变成了死者真正的坟墓。东部泰雅族人把死者埋在户外，而不改变他们的住所。他们认为埋葬死者的地方是神的领域，因此从不去墓地。②

阿美族和赛夏族人则习惯将死者葬在户外。"阿美族人去世后，家人表现得非常悲痛。用藤条裹起尸体，在死者生前居住的房屋外挖一个很深的墓穴，埋葬时死者头朝南面，脸朝向东面。在南部阿美族中有一个习俗，死者的一个家属往坟墓上撒一把土，并大声说："你不要回来了。"在南部阿美族人里，他们用一堆石头标志坟墓；而在北部阿美族人则在坟墓周围立起木栅栏。"③

台湾少数民族亡者出殡之时，大多有歌舞之戏，让亡者在入土之前能尽情与亲人朋友享受人间的欢乐。比起葬前的礼仪，台湾少数民族的丧后礼仪则显得简单。"人一死，尸体就用水牛皮缝起来，放在住所附近的一块地上，那是除了家人外，对其他的人都禁忌的。在那里挖个坟墓，用四块大石板垫着，把死者的衣服、饰物，以及武器放在坟墓里，然后把尸体以坐姿放进去，面对最近的高山。再用另一块大石板盖住，填好坟墓后用草皮覆盖。几年以后坟墓特定的位置就被遗忘，但一年一度会在埋葬地向所有死者的灵魂献上祭品。"④

---

① Janet B. Montgomery Mcgovern, *Among the Head-hunters of Formosa*, T. Fisher Unwin LTD London：Adelphi Terrace, 1922. p. 164.

② James W. Davidson, *The Island of Formosa*, Macmillan & Co., London and New York, Kelly & Walsh, Ld, Yokohama, Shanghai, Hongkong, and Singapore, 1903. p. 566.

③ James W. Davidson, *The Island of Formosa*, Macmillan & Co., London and New York, Kelly & Walsh, Ld, Yokohama, Shanghai, Hongkong, and Singapore, 1903. p. 579.

④ Taylor, G, "Aborigines of Formosa", *The China Review, or Note and Queries on the Far East* Vol. 14 No. 3（1885）. p. 124.

台湾少数民族的丧葬礼仪表现了较强烈的地方民族色彩，缺乏统一性及规范性，所体现的思想文化及伦理道德观念与当时当地社会形态和社会生产力发展水平相适应。

（四）台湾少数民族艺术与宗教信仰

1. 音乐与舞蹈

在西方人的文本中描述的台湾原住民，是个乐善好施，能歌善舞爱唱歌的族群。在部落里，长老们常常情不自禁地以吟唱古谣的方式传达口述历史的精髓。宗教庆典活动时唱歌、男女传达爱意时唱歌、工作时唱歌、平日随兴而起时也唱歌。原住民是个随时随地都在歌唱的族群，他们时而引吭高歌，时而借由口簧琴、弓琴、鼻笛、竹笛、木杵等乐器伴奏吟唱，这些是他们借着歌声表达心情的方式。

> 他们各种场合都唱歌。有时轻快的旋律，歌词充满热情。对任何主题也都能即席吟咏。下面是一小段他们很喜爱的音乐。他们除了最原始的六孔竖笛外，没有别的乐器。最喜欢的舞蹈是围成一个圈子，不分年龄、性别，大家手交叉地牵着，跳着类似波尔卡舞步的玛祖卡舞，随着大家合唱歌曲的节拍转移。音乐倒不是不悦耳，但在外国人听来，总有种哀怨的声音。①

台湾少数民族的乐器也相当具有民族特色。李庥（Hugh Ritchie）到内社去时，有几位大社的信徒取出一些很奇怪的乐器，让李庥夫人（Elizabeth Cooke Ritchie）大饱耳福。"他们演奏其狂野的山地曲调，妇女也唱得甜美极了。他们的声音比木栅那些人的更为和谐。其中有两个乐器，如果我没记错的话，是用弓来拉的。有一个是用手指弹奏，是很狭长的乐器，有数条弦。另一个用两个小锤子来敲奏。还有另一个乐器，在右手的拇指与食指上套上一个东西，再将一个看起来像梳子较大端的尖齿放入其中。"②

台湾原住民的歌舞艺术，存在着一股看不见的动力，这股动力来自大地、海洋或山林，大自然的丰富多彩造就了各个族群特有的舞蹈艺术。如阿美族勇士们豪迈奔腾的舞步，如同一波波巨浪翻滚而来，嘹亮雄伟的歌声，像波涛拍岸的巨吼，给人震慑万物的撼动。而与玉山相依相伴的邹族人，他们的歌舞特色恰如高山流水般清新而优雅，歌舞动作极富韵律。"天黑以后，在我们借宿的小屋前的空地上，燃起了一大堆篝火，村民们聚集在这里跳舞。老人、小孩还有一些竖起耳朵的猎犬，围坐在篝火旁。火燃烧起来，红色的火焰在颤抖的竹叶中和棕榈叶中跳跃。在这不规则的火焰中，这些奇怪的围坐在篝火旁的人会突然爆发，然后又突然躲进阴影中消失不见。年轻的男子和女子清理出一块空地，双手交叉，形成一个新月形，伴着悲哀的音乐跳舞，节奏越来越快，舞者的脚步也越来越快，直到速度变得激烈。"③

---

① George Taylor, "Aborigines of Formosa（continued）", *The China Review, or Note and Queries on the Far East*, Vol. 14 No. 5 (1886)：pp. 287-288.

② Elizabeth Ritchie, "Sek-hoan musical instruments, Formosa." *The Messenger and Missionary Record* (1 October 1878)： p. 192.

③ John Thomson, "Notes of a journey in southern Formosa." *Journal of the Royal Geographical Society* XLIII (1873)： pp. 103-104.

一个到台湾游玩的英国游客，在进入六龟里的原住民区域游玩后，在他的游记中写了关于原住民舞蹈的一段记录。

> 村民要为我们跳一场舞蹈，向我们致敬。全村的人，男人、妇女、小孩都在有树环绕的一块大广场上，边缘上有些零落的房子。我们就座后，舞蹈就开始了。男人都牵着手，围成半个圆圈，然后是已婚的妇女，再来是未婚的女子，最后是小孩子。直到形成一个大圆圈。然后他们开始唱歌。男人先唱，接着是已婚的妇女唱，未婚的女子接着唱，小孩子随其后。男人唱的明显是一首歌的前两行。在其他的人都轮流跟着做了之后，再继续唱下两行，这样继续下去。圈子一直都在转动，先往一个方向，再往反方向。一下子扩大，一下子缩小。每个人都合着音乐和缓的节拍。虽然很单调，但总的来说也并非不悦耳，而且是很壮观的。[①]

平埔族的舞蹈中还有中国文化尚未代替的地方，如很狂野的圆圈舞。大家聚集在村落长老家屋前，老人在聊天、喝茶、抽烟、嚼槟榔的时候，年轻人就尽情跳舞狂欢。"颜色很鲜艳地混杂在一起，年轻的女孩和男孩围成很紧的圆圈。唱歌是很发人忧思的凄凉曲调，歌唱一再地重复。他们很优雅地提起脚，向后一步，斜向前两步，在圆圈里很慢地绕着自己转。唱歌声一点点变大了，节奏越来越快，优雅的脚步变成狂野的跳动、踩踏，直到最后那个圆圈断了，跳舞的人或散开，或笑得滚倒在草地上。年轻的女孩子跳得特别热烈忘情。她们的衣服抖动着，脸上狂野发亮，头发松散，这给那些没有参与的人一种神秘可怕的感觉。他们跳舞时的服装和平时的略有不同。在臀部裹了一条很薄的黑布。他们还有松散的头发，这几乎让人错觉他们和他加禄女人极为相像。"[②]

原住民除了在欢庆丰收、婚庆娱乐时载歌载舞之外，就是为了宗教祭仪而跳的舞蹈。在跳这种祭舞时，歌舞者的动作庄重严谨，神情严肃，如赛夏人巴斯达隘矮灵祭的祭舞，邹人战祭中的迎神曲和送神曲等。

2. 祖灵崇拜与泛灵信仰

原住民的传统信仰是泛灵崇拜，即相信宇宙天地万物都有其神灵，所有自然现象，从动物和植物，一直到无生命物为止，都是有生命和灵魂的。神灵有善恶之别，祖灵崇拜是原住民子孙对祖先的创生起源以及创造家园的敬仰与感念之情的表达方式。在自然界中，原住民相信山有山神、水有水神，日月星辰、花草树木、动物昆虫、农作物等都有神灵，如排湾族人传说中的太阳神、百步蛇，布农族和泰雅族人对火的崇拜。

英国人泰勒（George Taylor），经过与原住民长期的接触后认为，原住民有无数的迷信，他们生活在诅咒、巫术、鬼怪的气氛里。发生任何无法解释的事情，都将之归因为邪灵设法诱使那些没防备之人上当，鬼怪从森林的阴暗洞穴中冒出来，而造成饥荒、疾病与死亡。[③]

李麻（Hugh Ritchie）与原住民相处期间，曾频繁、仔细的询问他们的宗教信仰，并从

---

① F. "A trip into the interior of Formosa." *The Living Age* Vol. 126, No. 1622, 10 July 1875. p. 124.

② Paul Ibis, "On Formosa: Ethnographic travels" *Globus* 31 (1877): p. 231.

③ George Leslie Mackay, *From Far Formosa*, Fleming H. Revell Company, NewYork, Chicago, Toronto, 1896. p. 149.

他们的一些习惯中推断出，他们已经意识到有一种至高无上的力量以及一个看不到的世界。"他们在打猎之前会把槟榔劈开，放入一个红色珠子，把槟榔放在手掌中，在神的面前挥动，祈求神的帮助及保护，然后把槟榔放在地上，踏上他们的行程。"①

阿美族人相信人死后有灵，相信善良的男人和女人死后的灵会上天堂，而坏人的魂会去地狱。他们还相信天堂在极北之处，而地狱则在极南之地。他们自己的祖先已经上了天堂，他们自己死后也会去那里；相对的，其他部落的人，尤其是他们的敌人将会去地狱。然而，阿美族人说，在地狱不比在地球上差；否则灵魂也不会滞留在那里。在这一点上野蛮人与文明人的心理状态有着不可思议的相似之处。②

阿美人坚信人在死后世界，是由个人在此生的行为决定的。他们对地狱的信念也很明确，但认为那与其说是个地方不如说是个环境。神灵被判决，为抵赎某些罪行，因而在大气中游荡。在这种状态下，据说特别邪恶，因此，大家都有必要平息灵魂的愤怒，并尽可能地避开。③

台湾原住民社会早期以禁忌来维持伦理道德和社会秩序的平衡，传统的台湾原住民并没有所谓的宗教信仰，他们在适应社会生活环境的过程中，从祖先的生活经验里，逐渐整理出一套生存哲学，通过祖先的传递，形成了族人对祖先的尊重，并渐渐演化成为祖灵信仰。原住民认为生存的最终目的就是跟随祖灵顺利进入其所谓的神灵世界，在其生命历程中，任何事物都以祖灵为主要依循对象，任何祭祀的举行要绝对依照祖灵的指示进行。祖灵就成为了原住民祈求、祭祀的对象，在生活、生产中都占有重要的地位，原住民相信只要绝对地敬重祖灵，祖灵就会驱逐噩运，保护族人，就能风调雨顺，农作物丰收，狩猎顺利，子孙繁衍等。原住民把人生的一切凶吉祸福都寄托在祖灵上，为了感谢神圣的祖灵，原住民会举行各种仪式祭拜祖灵。

加拿大长老教会的马偕牧师，在探访过原住民部落后认为，原住民信仰他们的祖先和伟大的勇士的灵魂，并相信这数不清的英灵是真实的存在于这个世界的，并将继续产生影响。"灵魂和身体的区别以所给予的名称为标志，意思是灵魂、egpy、身体。他们对死去的灵魂所在的地方非常的模糊笼统，但对他们的可怕的力量的信仰是永久的敬畏与折磨的来源。他们有时会为逝去的灵魂准备食物和酒，然后以某种向灵魂祈求保佑和繁荣的形式消耗掉。我曾经参加过一个部落举行的这种仪式。所有人都举起右手伸出手指加入祈祷中：'Na-e-an，天空，hang-ni-ngi-sa-i-a-ku，请给我们平静的心灵，给我们长寿，给我们繁荣；han-pai-ku，我们要吃了。'同时食指在酒里蘸四次，并补充下面的话：'Ma-ra-nai，大地，han-pai-ku，我们要吃了，ai-mu-na-va-hi，逝去的灵魂啊，给予我们和平吧。'"④

台湾原住民认为宇宙和天地受无数超自然的、无形的"灵"的支配。各地区的原住民

① Hugh Ritchie, "Notes of a journey in east Formosa." *The Chinese Recorder and Missionary Journal* 6 (1875): p. 208.

② Janet B. Montgomery Mcgovern, *Among the Head-hunters of Formosa*, T. Fisher Unwin LTD London: Adelphi Terrace, 1922. p. 130.

③ George Taylor, "Aborigines of Formosa (continued)", *The China Review, or Note and Queries on the Far East*, Vol. 14 No. 5 (1886) p. 198.

④ George Leslie Mackay, *From Far Formosa*, Fleming H. Revell Company, NewYork, Chicago, Toronto, 1896. p. 258.

关于"灵"的观念会有所差异，如居住在北部的原住民相信凡生物皆有灵，但人的灵有神力；居住在南部的原住民则认为世间万物都有灵，所以有人鬼以及其他诸神。他们还认为人灵有生灵与死灵之别，死灵才具有神力。布农人、曹族人除了灵魂观念以外，还有创造神和司理神的观念，不过这二者尚未达到人格化的程度。排湾人、鲁凯人、阿美人和卑南人已经有了多神观念，排湾族中有雕刻的神像，是神人格化的具体表现。

3. 占卜与禁忌

原住民在进行开垦、战争、出猎、祭祀等重要活动前都要占卜，占卜的形式有鸟占、梦占、水占、草占、竹占等。梦占主要盛行于泰雅、布农、塞夏、阿美、雅美等族。在耕作、狩猎、打仗、建筑等重大活动开始前，都会进行梦占。如果全体参加梦卜，则得到吉梦者参加，凶梦之人自行退出。竹占和水占常由巫师或占卜师进行，利用一定的器物，向神灵祈祷求问，判断神的旨意，并回答求卜者的问题。雅美人、塞夏人盛行水占，而阿美人、卑南人盛行竹占。鸟占通常用蕃苹鸟、西西里鸟等进行，以鸟飞行的方向和状况以及鸣声的长短、缓急来判断吉凶，还会根据鸟的声调和回声，以及鸟声的方向位置等。如果"西西里"鸟叫声不吉，而勉强采取行动时，一定会碰到困难，如出征失利，打猎受伤等。鸟占是台湾原住民对鸟表现出的神意崇拜，原住民认为鸟具有通神之功能，因为有神鸟的帮助才有了祖先的产生。

必麒麟（William Alexander Pickering）在台湾期间，探访六龟里的平埔番时，注意到台湾原住民对鸟的信仰。必麒麟被邀请伴随原住民男子去做短程的狩猎，但当一切都安排妥当了，他们却还要等待吉兆。而这些吉兆往往是某种鸟的叫声或飞行方式。必麒麟一行人在连续两个清晨都有好的征兆之后，才终于动身，但是走了几个小时，越过高山，涉过河流，穿过丛林之后，原住民听到一些鸟鸣声，之后又见到鸟以某种姿态飞行等，使得队伍的首领坚持返回。这位首领说，他们非但猎不到野兽，而且还会因为忽视守护鸟的警告，因而可能会遇到不友善的生番，造成不幸。"可是我们有一天完全没有任何阻挡，没有任何不好的征兆，却仍是一无所获。这一切让我感到非常的厌恶，决定再也不跟平埔番猎人出猎了。"① 很显然，在西方人眼中原住民对鸟占的迷信是一种愚昧无知的表现。

当然，也有西方人认为，原住民进行鸟占不是把鸟作为本族的图腾加以崇拜，而是将鸟作为族人的祖先的代言人，他们通过遵从鸟的指示来表现对祖先的崇拜。神灵通过这些鸟来暗示神意，原住民从中获得有价值的信息。珍妮特·B. 蒙哥马利·麦哥文（Janet B. Montgomery Mcgovern）在探访泰雅族部落之后描述道："泰雅族所有的部落都崇敬一种鸟，这种鸟已经与当地猎头习俗结合在一起，鸟的鸣叫声被视为一种好的或邪恶的预兆。鸟的飞行也被解释为何时开始一次狩猎或战争（猎头）的预兆。当鸟落下来的时候，勇士们和猎人们也会立刻停下，根据本次探险的性质在那里伏击敌人或野味。我认为，尽管这种鸟被人们崇拜，但它不能被当做是泰雅人的图腾。当然，部落的人似乎把它当成某些祖先的代言人，这些祖先在他们自己的时代是有名的勇士，因此，他们以鸟作为媒介，继续

① William Alexander Pickering, "Among the savages of central Formosa, 1866—1867." *The Messenger and Missionary Record of the Presbyterian Church of England* n. s. 3（1878）：p. 29.

领导他的后代以及他生前所属部落的所有人。"①

原住民也有他们特有的禁忌，禁忌一般分为视觉禁忌和触觉禁忌、禁忌行为、特殊禁忌等。禁忌遇见百步蛇和山猫、横死者及其死所，禁忌遇见动物交尾等属于视觉禁忌。禁忌接触神树及神物，禁忌接触死者的家屋和遗物等属于触觉禁忌。属于禁忌行为的有：禁忌打喷嚏、同族相奸，吃动物的头和尾等。另外还有一些特殊的禁忌，如男人不能接触女人专用的小锄、织机和猪圈等，而女人则禁忌接触男人的猎具、武器，不能进入男人会所等。在特殊场合如出猎、祭仪、丧葬时，禁忌是不能食鱼、触火、触麻等。②

西方人著述中关于原住民的禁忌的描述也颇多。达飞声在考察原住民时就遇到原住民对陌生人的禁忌。当达飞声一行人到达村落的时候，当地部落的原住民都逃到森林里去，奇怪的是在每间小屋前面突出的地方都放置了一根五六英尺长的木棍，木棍的尾端挂着一条附有一块骨头的绳子。"毫无疑问地，这是一种禁忌，保卫他们的土地远离陌生人。当友好关系确定了以后，他们的禁忌就会完全解除，我们在的这段期间再也没有看到了。"③

泰勒在台湾采集标本期间，观察了原住民的生活方式和宗教信仰。史帝瑞提到原住民相当注重预兆，其中打喷嚏被列为最糟糕的兆头之一。如果有个排湾人要到20英里外去，即便是已经走了19英里，只要听到一声喷嚏声，他马上就会掉头回家。当然，这种兆头仅限于室外，在室内则无所谓。"他们隐约相信轮回，倾向于认为有些灵魂，被降入某些动物，而在那里停留一段时间。那是对较不严重罪行的轻微惩罚。狗和家禽最常被认为是神灵的暂时居所。他们虽不在意饲养家禽来卖给市场，自己则绝对不吃，这也是一种禁忌。猪肉也是受禁的事物。然近年来和汉人杂居，已使他们突破此禁忌，以及许多其他传统的限制。"④

四、近代西方文献书写台湾的"他者"诠释与意义

（一）西方话语霸权与近代西方人对台湾的形象建构

1. 西方人中国观视域中的"台湾形象"建构

近代西方人在论及台湾社会时，有人赞叹台湾美景，也有人认为台湾环境脏乱，有人享受台湾的温暖气候，也有人抱怨台湾气候恶劣，有人认为台湾民众淳朴，也有人认为台湾民众贫穷、愚昧、野蛮。各种看法都能在西方人关于台湾的著述中得到体现，然而，我们发现，在这些著述中，负面的论述占据了大部分的篇幅，西方人著述中的台湾更多的是表现一个"落后""专制""野蛮"的社会。

---

① Janet B. Montgomery Mcgovern, *Among the Head-hunters of Formosa*, T. Fisher Unwin LTD London：Adelphi Terrace, 1922. pp. 145-146.

② 陈杰：《台湾原住民概论》，《台声》2009 年10 月，第 55 页。

③ James W. Davidson, *The Island of Formosa*, Macmillan & Co., London and New York, Kelly & Walsh, Ld, Yokohama, Shanghai, Hongkong, and Singapore, 1903. p. 590.

④ Taylor, G, "Aborigines of Formosa", *The China Review*, or Note and Queries on the Far East Vol. 14 No. 4（1886）： p. 286.

西方人著述中将台湾社会描述成"落后""专制""野蛮"的社会，其原因在于西方人关于中国的形象在 19 世纪已经形成了系统的表述体系或话语，这种表述体系或话语将中国描绘成一个"落后""野蛮"的"他者"。这种表述体系一旦形成，就以某种"真理性"左右着西方关于中国的看法和说法，并为不同场合产生的论述提供用以表述中国的词汇、意象和各种修辞技巧。台湾作为中国的一个部分，其形象很自然地被纳入了中国形象话语中。中国形象的表述体系表现出观念和文化中的某种霸权思想，并逐渐向政治、经济、道德权力渗透。在现代历史的各个不同时期，这种表述体系或话语就成为西方自我批判与自我扩张的象征，并参与建构西方现代性的观念与实践。

跨文化传播是指来自不同的文化体系之个人及组织、国家等社会群体之间所进行的信息传播或文化交往活动。文化对人们的行为方式有重要影响，其内核包括历史、身份、信念、价值观及世界观等方面。近代入台西方人的活动也可视作跨文化传播的一种，入台西方人认识、记述近代台湾社会，并塑造一个停滞、专制、野蛮的台湾形象，也可以从跨文化传播的视角进行考察。近代入台的西方人，他们在台湾期间，不仅将西方的宗教、科技、政治学说、文化艺术等西方文化载体输入台湾，同时也向西方社会传递着台湾文化的信息，但他们所传递的台湾信息更多的是负面信息，或者说是将台湾作为西方文化的一个他者，让西方人认识到台湾的野蛮。

国内学者厦门大学周宁教授在西方的中国形象研究领域有着独到的见解和论述。"中国形象是西方现代文化的'他者'镜像。它可以是理想化的，表现欲望与向往、表现自我否定与自我超越的乌托邦；也可能是丑恶化的，表现恐惧与排斥、满足自我确认与自我巩固的需求的意识形态。"① 西方的中国形象，其真正的意义不是认识或者再现中国的现实，而是构筑一种西方文化所必需的、关于中国的形象，其中包含着西方人对现实的中国某种程度的认识，而更多的是对西方文化自我认同的一种隐喻性表达，这种形象将概念、思想、神话或幻象融合在一起，构成了西方文化自身投射的"他者"空间。

中国形象成为西方现代性想象的重要"他者"，而"他者"的功能建立在文化自我与他者的差异对立关系上。西方现代文化建构中国形象，并确立中国形象在西方的世界观念秩序中的位置以及中国形象与西方文化在西方自我认同过程中形成的差异对立的关系。中国形象的功能不是在某种程度上认识或反映中国的现实，作为西方文化自我认同的"他者"，中国形象与其说是表现中国，不如说是认同西方，它随着西方文化自身的变化以及中西关系的变化而变化，而不是取决于中国的现实。中国形象作为他者帮助确认了西方有关地缘文明的观念秩序。比如说，中国形象作为他者，帮助西方完成对西方文化的自我认同与东西方二元世界对立的观念秩序。黑格尔认为，中国与欧洲代表着世界地理即空间上的两极——东方与西方，也代表着人类历史即时间上的两极——起点与终点，世界秩序就体现在中国与西方所代表的一系列二元对立范畴中，如奴役与自由、停滞与进步、愚昧与文明。这种中西方二元对立同时也体现着一种价值秩序，中国是否定的一面，以西方为代表的人类文明将在历史的进步过程中，最终克服战胜停滞、野蛮的东方。

---

① 周宁：《跨文化研究：以中国形象为方法》，北京：商务印书馆，2011 年，292 页。

2. "文化他者"意义中的近代台湾

在 19 世纪西方帝国主义与殖民主义的扩张过程中，为了探寻一个"停滞""落后"的东方"野蛮"之地，为殖民者提供"正义""合理"的理由，"停滞"在历史中的中国，必须在观念与现实中同时被"否定"，被"消除"。台湾亦是"停滞"的中国的一部分，台湾的政治制度、经济生活、文化思想等都停滞在历史的过去。这就可以解释，为什么西方人在论述法军、日军进攻台湾的战争时，大部分西方人持的是支持西方的态度了。如甘为霖在述及中法战争时，在文本中流露出同情法国人的感情，并赞扬法军占领澎湖时的所作所为，他甚至于还认为澎湖人敬佩法国海军统帅，民众会定期纪念战亡的法国水手。而法军攻打澎湖与台湾的战乱时期，甘为霖及其家属不得不前往厦门避难，造成台湾传教工作长时间停滞，并且从传教士传播基督教福音的角度思考，甘为霖想要在澎湖群岛扩展传播福音的范围，就更应该站在澎湖人的立场，切身感受民众在战争之中所遭受的苦难，而不是同情法国人。此外，在西方人的著述中，台湾的农业耕种延续的是中国古老的耕作方式、工具等，几个世纪以来都没有改进。台湾城市的城墙，也停滞在过去的冷兵器时代，是中国式的古老城墙，只能防御冷兵器时代的刀剑，对近代西方的枪炮毫无防御能力。

西方现代性最终全面完成自我文化认同，在于"文明"概念的出现。"人们总是试图把人分成我们和他们、集团中的和集团外的、我们文明人和那些野蛮人。"① "文明"不仅为西方现代性提供了一个崇高的文化身份，同时也为认同这种身份设定了"他者"。法国启蒙思想家在"野蛮状态"概念的基础上，提出了一个与其对立的"文明"概念，文明是通过野蛮来界定的。西方人将西方现代文化设定为一个认同与文明的同一体，西方文化要完成自我确证，就必须塑造一个"野蛮东方"的他者形象。当西方文化完成自我确证，认同一个文化整体时，西方就将东方他者化为一个整体，且西方文化自我认同其文明，那么，东方则被他者化为野蛮的代表，台湾也成为"他者"中的一员。

西方文化中关于文明与野蛮的话语，确立了西方文化是一个统一的整体，也确定了西方与非西方的关系，文明则特指西方现代文明。他加深了西方文化的共同性，也扩大了西方与非西方的区别，即文明与野蛮、西方与东方的区别，西方的文明与东方的野蛮的对立。在这样的二元对立的世界秩序中，西方必须联合成一个文明的统一体，对非西方世界行使霸权。

在地理大发现时代，西方展示的中国形象，似乎与野蛮的东方无关，那个时期中，有关中国的文本叙述，都没有提到中国的野蛮的东方的形象，即使有提到中国的一些陋俗，也没有引起西方人的关注。到启蒙运动后期，中华帝国的野蛮东方形象开始生成，文明与野蛮、西方与东方的套话开始用于描述中国，并逐渐成为一种流行的趋势，中国形象也被纳入野蛮与文明的二元对立体系中。到 19 世纪，"野蛮"已经成为西方的中国形象的特征，"非人道""堕落""兽性""残暴"等词汇频频出现在有关中国的文本中，用来形容中华帝国的制度、习俗与天性。杀婴、酷刑、淫乱，鸦片泛滥，人口膨胀，女人缠足等现象，反

---

① ［美］塞缪尔·亨廷顿：《文明的冲突与世界秩序的重建》，周琪等译，北京：新华出版社，1998 年，第 12 页。

复地出现在不同类型的文本中，形成西方想象中关于中国形象的套话。西方的传教士、政客、汉学家，他们作为西方受教育程度较高的人群，努力保持一种看似客观的态度，但他们所思考的问题与思考问题的方式，都是在西方文化环境中成长的，且都是有西方的意识形态轨道的，不可避免的去思考与书写如杀婴、缠足、酷刑、一夫多妻制的淫乱、习俗堕落与人口膨胀等问题，并通过种族主义、东方专制主义等意识形态性的力量来解释这些问题。

在近代西方人描述台湾的文本中，我们会发现，许多西方人将 1842 年作为引入台湾的切点。原因是 1842 年 3 月，一艘英国帆船"安妮"号（Ann）遭遇暴风雨，搁浅在台湾，船上 57 人被中国政府囚禁并杀害。从西方人的著述中，还可以发现有关 1841 年 9 月"尼布达"号（Nerbudda）帆船在基隆港附近搁浅，也经历了同样的遭遇。还有诸多关于西方船只在台湾搁浅，甚至靠近台湾东海岸，就遭到中国政府的野蛮对待，或遭受原住民攻击的记录。西方人不厌其烦的描述汉人和原住民打劫遇难船只财物，遇难人员遭受的非人道待遇，沦为囚犯被铐上脚镣手铐，关押在阴冷、黑暗、肮脏、潮湿的牢房中，吃坏掉的食物，还有被拉去游街，最后被砍头，给读者描述了一个野蛮的台湾形象。

几乎每一个探访过原住民村落的西方人，都会关注生番猎首习俗。为什么西方人会对原住民猎首习俗这样有兴趣？一个原因是这种习俗是人类原始社会习俗的活化石，学者们企图从这种习俗中一窥人类早期社会的面貌，二是好奇心理，人们出于猎奇的驱动力试图了解这一习俗。然而，不论是出于什么样的原因，这一习俗的野蛮性总是驱使西方人关注原住民猎首的内在动力。西方人在关于台湾的文本书写中，用大量篇幅论述原住民猎首习俗，从猎首的起源、时机、仪式到武器、人员、猎头、庆功，再到处理人头、猎首的对原住民的意义，各方面都做了细致的描述。猎首习俗让西方人找到了中国野蛮他者的最佳证据，野蛮的中国，野蛮的台湾，使西方更加确定自己的文明主体地位。

在西方人有关台湾的文本中，在谈到妇女问题时，缠足和一夫多妻是必不可少的内容。麦戈文（Janet B. Montgomery Mcgovern）在她的著作中写道妇女缠足，"一直以为中国妇女只有上层等级的人才会缠足，她们的生活富裕，可以永远乘坐人力车或轿子出行。但是，福尔摩沙的中国妇女，除了客家妇女，其他人都缠足，而且从婴儿时就开始了。一个没有缠足的女子会被当成贱民，嫁得好的机会几乎为零，而嫁的好是每一个中国女性的目标。这些乡下人和苦力妇女跛着脚走到基隆和台北之间的小站，她们听说火车上有个外国白人女性。她们中许多人如果不拄着手杖或一直把手放在一个小孩的肩上就无法行走，只有这样他们才能保持平衡。明显地，'三寸金莲'是妨碍这些妇女背负她们肩上重物的主要原因。这些缠足的妇女一点都不美，由于从婴儿时期就开始缠足，她们的整双腿都得不到充分的发展。"① 麦戈文还在她的书中写到中国的一夫多妻制，对这种制度的存在感到吃惊、震惊，并将这种制度视为淫乱，"我见到了这位福尔摩沙朋友的妻子们。总共有 3 个人，一个聪明的，一个漂亮的，还有一个年纪最大同时也是地位最高的，她是长子和继承人的母

---

① Janet B. Montgomery Mcgovern, *Among the Head-hunters of Formosa*, T. Fisher Unwin LTD London: Adelphi Terrace, 1922. p. 59-60.

亲。最后提到的那位妻子被其他两位称为'大老婆'和'尊敬的夫人',而其中任何一位女人都没有对自己的地位感到一丝的羞耻。她们看起来都很自豪,很开心,她们之间相处融洽,感情真挚,甚至对每个人的孩子都很好,这是对一个女人感情的巨大考验。据说这是她们习以为常的状态。"①

作为停滞的中华帝国形象一个组成部分的台湾社会,更加确认了西方现代性的进步主体地位,专制的中华帝国形象,确认了西方的自由主体地位,尽管停滞的帝国形象与东方专制的帝国形象中,包含有相互涉及的因素,但作为文化他者,野蛮或半野蛮的帝国这一中国形象才能够真正全面地表现西方现代性的价值与意义。因为"野蛮"概念本身就包含了经济落后、政治专制、历史停滞、精神奴役和习俗败陋等多方面的内容,最能够确证西方现代性的整体意义。

(二) 近代西方人撰述台湾社会的文献价值

近代入台西方人记述台湾社会的文本,不仅反映着撰写者的思想文化观念,也体现着东西方文化交流的内容,同时,这些文本本身也是重要的文献资料,为后来的研究留下了宝贵的文字资源。对当今的中国,这些文献资料是研究台湾历史的重要补充资料和参考文献,是中国对台湾著述和台湾地方文献的资料佐证,对再现近代台湾社会的历史面貌和发展轨迹颇有裨益。对西方世界来说,近代西方人的著述,就成为19世纪至20世纪初西方人认识和了解台湾乃至中国的主要信息来源,这些著述也在一定程度上为著述者母国政府提供了决策依据,同时也为西方人认识和了解中国提供了知识信息。

西方人在记录台湾社会过程中,对台湾社会的各个方面,大至政府行政,小至居民家中的一件用具,都事无巨细的加以介绍,其内容丰富,包罗万象。正是西方人这样没有取舍的记录,再加上西方人观察角度的不同,他们记录下了许多重要的历史线索,这些在台湾地方文献中无法查证或语意模糊,在不经意间,西方人著述就起到了弥补中文台湾史料不足的客观作用,读者会发现一个与人们想象中的台湾不同的台湾形象。如台湾原住民的历史。在中文史料中,中国人所写的每一页历史,人们都觉得合理,而当人们读到这些西方人的著述时,人们的看法或许会有所改变。中文史料中对于台湾原住民的描写通常将原住民认为野蛮或落后,而西方人的著述虽然也有记载原住民野蛮落后的一面,却也在表现着原住民特殊的文化与生存哲学,他们赞赏原住民特别是平埔族人的勤劳,赞赏原住民的生存智慧,欣赏他们健美的体魄,待客热情,以及能歌善舞等,从中人们可以发现原住民这一群体的闪光点。

甲午战争以后,台湾沦为日本的殖民地,日本殖民者在台湾强力推行同化政策,大陆与台湾的文化联系被暂时切断。相比之下,西方人在台湾的活动虽然也受殖民政府的控制,但相对中国人而言会更加自由,他们的撰述活动因受到自身国家的保护,著述范围更广,角度也更宽。西方人著述中的内容,从台湾的自然风貌、人文风貌到评论中日战争,分析日本殖民活动的成功与失败之处无所不包。英国领事、游记作家爱德华·欧文·路特

① Janet B. Montgomery Mcgovern, *Among the Head-hunters of Formosa*, T. Fisher Unwin LTD London: Adelphi Terrace, 1922. pp. 55-56.

（Edward owen Rutter）在他的著作《穿越福尔摩沙：日本殖民地记录》（*Through Formosa*：*An Account of Japan's Island Colony*）中分析了日本在台湾殖民的"成功"的原因，并将日本殖民与英国殖民活动相比较，还认为日本对待原住民问题的政策，是日本殖民当局唯一不成功的地方。

特别值得一提的是，在西方人的著述中，穿插着诸多图片和照片，在这些老旧的图片和照片上，人们可以看到近代台湾社会的真实面貌，再现近代台湾社会风貌，老照片具有真实地记录历史、反映当时的社会面貌的文献史料价值，相比图片，又更加真实，镜头中的台湾社会让人们得以看到近代台湾社会最真实的场景，一方面给人们带来了视觉的冲击，更重要的是，这些照片加深了人们对 19、20 世纪的台湾社会的直观认知。台湾地方文献中亦配有不少图片，但因技术局限，这些图片很难真实地再现当时的台湾社会。例如，在西方人描述轻轨台车时，仅仅依靠文字描写，很难让读者产生清晰直观的画面，但是在老照片中，人们可以看到这种轻轨台车的外形及运行方式。

从 19 世纪到 20 世纪初，大量西方人撰述的关于台湾的论著发表，这些论著面向西方广大读者，使西方人更全面地了解和认识台湾，是西方国家民众认识台湾的主要信息来源，影响着民众对台湾、对中国形象的看法。入台西方人在回到本国后，在中国台湾问题方面算是权威，西方的民众通过他们获得有关中国、有关台湾的信息。因此，民众对中国、对台湾的看法很大程度上就取决于这些入台西方人所提供的材料、发表的文章，以及这些人对台湾的主观态度。入台西方人的著述成为当时传播台湾文化的主要媒介，是西方了解台湾的重要窗口。

近代入台西方人及其著述所传播的近代台湾社会形象，为西方世界展现了一幅生动的近代台湾独有的社会图景，这些信息曾经为西方政府当局提供了决策和参考依据，对当时的外交关系也产生了影响。入台的西方人中有不少人以探索台湾情报为目标，在台湾各地进行探险活动，有些则在著述中客观起到了为西方政府提供情报的作用，这些情报，为其本国政府提供决策咨询和参考作用，为西方国家殖民扩张活动做铺垫。

在近代入台的西方人中，比较有代表性的是英国人史温侯（Robert Swinhoe），他在大英帝国统治下的印度出生。大学尚未毕业就考上英国外交官，被派往中国成为一名翻译官，后升为副领事及领事。1861 年至 1862 年及 1864 年至 1866 年任英国驻台领事，在居住淡水期间，史温侯探访过基隆、苏澳以及宜兰平原。在担任驻打狗英国领事期间，则调查过澎湖与台湾西南海岸，从台湾府至南岬。平常也去淡水、高雄附近地区打猎、观鸟、搜集标本等。同时，也去过新店、社寮与万金庄等地的一些原住民村庄。1862 年，史温侯第一次休假返回英国，趁机将他在台湾所调查的地理、生物、民俗等内容进行整理后，一方面在皇家地理学会、伦敦民族学会等精英协会做专门演讲，向会员介绍台湾；另一方面，把搜集的器物、标兵与图像做成英国小规模的"福尔摩沙特展"，参加了当时正在伦敦举行的伦敦大展，让英国人认识台湾的种族、特产和生物。这些活动向西方人传递了台湾的信息，使西方人认识和了解台湾。

而他身为英国外交官，他的活动无疑要为英国政府服务，1857 年和 1858 年曾两度搭乘英舰"刚强"号环台湾搜寻欧美船难漂民，同时侦测台湾民情、探勘海岸与矿产。1860 年，他担任英国陆军总司令格兰特（T. Hope Grant）的翻译，随英法联军攻入北京，火烧圆明园。1862 年 12 月 2 日，史温侯致函英国外相罗素勋爵，提出割取台湾全岛并不困难，取得原住民、罪犯居住的东岸地区更是轻而易举的看法。1863 年 9 月 24 日，他再度向英国外相罗素建议探测台湾自然资源，使英国大众周知，获得了外交部拨付的价值 250 英镑的精密仪器供其使用。

虽然存在着观察和认识角度等方面的差异，近代西方人记述台湾社会的著述如同一个资料宝库，这些著述的出现和利用，有助于扩大台湾地方史资料的来源、开阔认识台湾问题的视野，并丰富历史文献的内容。西方人独特的思维方式和撰写角度，尤其是他们对台湾社会各个细节不厌其烦的介绍，补充了中国史料记述简要的不足，广泛地印证了地方文献的记载。西方人的论著中还保留了大量的图片和老照片，直观地记录了近代台湾的社会面貌，为人民了解近代台湾社会提供了直观的感知物。另一方面，西方世界也受惠于这些关于台湾的著述，这些著述为西方政府和相关机构的决策提供参考作用，为殖民侵略服务；同时也是西方广大民众了解、认识台湾乃至中国的主要信息媒介来源，为西方人认识台湾铺开了道路。

五、结语

近代中国是一个积贫积弱的社会，经历了鸦片战争、中法战争、甲午战争等与帝国主义列强的战争，签订了一系列的不平等条约。列强争相瓜分中国，当中国已经被列强瓜分完后，在中国发现一个新的未被列强占据的地区，成为必然选择，在这种状况下，众多西方人进入台湾进行殖民探险活动。台湾被迫开放为通商口岸以后，西方传教士、商人、旅行者、政客等，纷纷来到台湾，进行传教、商业贸易、探险等活动。随着这些活动的发展，入台西方人将他们的见闻、感受撰述成文，并传播到其母国，西方人对台湾的认识也逐渐加深。

第一，相对于台湾的汉人，西方人文本中描述的更多的是关于台湾原住民的内容。从原住民的起源、生存困境、样貌服饰、房屋建筑等原住民的基本状况，到他们的农业生产、狩猎等经济生产活动，再到他们出草、文身、婚姻、丧葬等习俗，以及他们的艺术与宗教信仰，西方人对原住民的描写，囊括了方方面面。相比之下，西方人对台湾汉人社会的描写，则显得粗略。笔者认为其原因主要是，台湾汉人社会生活与大陆类似，而中国大陆的社会生活，在之前的几个世纪中，已经有大量西方人进行过描述。近代入台的西方人，其中有相当一部分人都是从中国大陆福建、广东等地辗转来到台湾，他们在中国大陆观察过汉人社会的生活，而台湾汉人是从中国大陆而来，其社会生活、习俗、官方政治等，大同小异。因此，入台西方人更愿意观察台湾所特有的社会现象。而对于汉人社会生活的诸事项，如柯乐（Arthur Corner）是在厦门经商的英国人，长期在厦门经商生活，对厦门的社会现象观察时间较长，因此，当他从厦门来到台湾，他观察的重点，自然就不在与大陆类似的台湾汉人社会生活，而是在于台湾特有的神秘的原住民。从他发表的三篇文章①看，都是关于他到台湾内山探险旅行的见闻，关于台湾原住民的生活的内容。另一个重要原因是台湾原住民社会的独特神秘气息吸引了大量西方人的目光。近代台湾的原住民还处于原始状态，许多部族还处于母系氏族时期，这无疑是人类早期社会的活化石。不同西方人在科学发现、猎奇探索等驱动力的驱使下来到台湾，深入内部山区原住民。

第二，近代西方人观察台湾的视角，以日本割台为界，存在一个转变。日本占据台湾之前，台湾在西方人眼中是中国的一部分，是一块尚未被瓜分的，等待西方人来占据并开发的殖民目标地，而随着《马关条约》的签订，日本开始独占台湾，西方承认了日本在台湾的殖民地位，台湾在西方人看来是日本的殖民地。因此，在前一段时期，西方人在台湾的活动带有浓重的殖民探险色彩。虽然英国于1866年在台湾设立了打狗领事馆，但其势力范围有限，仍有大片区域在其势力之外，特别是台湾东部地区和内陆山区。因此，在西方人官方的活动伸展不到的东部地区和内陆山区，西方人个人的旅行活动就成了为西方殖民活动打开东部和内陆大门的钥匙。而在领事馆设立之前，西方人关于台湾的情报就完全来源于西方商人、传教士等个人所进行的探险、经商、传教等活动。在后一段时期，由于日本在台湾进行殖民活动，西方势力开始受到日本人的排挤，西方人在台湾的活动也受到日本人的限制。日本有意识地排除西方势力，把原来的西方在台湾的商业利益据为己有，一些西方商人和传教士因而离开。与前一段时期西方人在台湾进行的带有探险、经商和传教等目的的个人旅行活动相比，后一段时期西方人活动带有更多官方活动的性质。英国领事、游记作家爱德华·欧文·路特（Edward Owen Rutter）应日本殖民政府的邀请赴台湾旅行，但他参观台湾是在日本人的全程陪同与带领之下进行的，且只能参观日本人指定的地点，与日本人指定的某些人接触。

第三，近代西方人眼中的台湾，总体上呈现的是一种贫穷、落后、愚昧、野蛮的社会图景。西方人对台湾汉人社会的描述话语源于近代以来西方人对中国形象总体形象话语。西方的中国形象原型在19世纪已经基本定型，一种意识形态化的中国原型主宰着西方的中国形象叙事。在这种话语中，中国被设定为西方现代性的"他者"，中国形象作为西方现代性主导价值的"他者"被否定，西方设定了中国的停滞、专制、野蛮的他者形象，来确证西方自身的进步、自由和文明的现代性价值与意义。西方人对台湾形象的描述话语也被框于这种已经定型的意识形态化的中国形象。这样的形象，为西方现代殖民与帝国主义扩张提供了权力的合法性。因此，在中法战争中，无论他们看到中国人受到怎样程度的伤害和损失，在西方人的眼中，这些都是西方人所代表的自由、文明战胜东方的专制和野蛮，文明的西方对野蛮的台湾发动战争，是具有进步意义的正义战争，是历史不可阻挡的潮流。

近代西方人眼中的台湾，其形象不是一成不变的，而是在众多入台西方人的描述中由

---

① 柯乐的三篇文章分别是：1875年发表于英国《皇家地理学会期刊》的《台湾南部内山之旅》（Arthur Corner, "Journey in the interior of Formosa." *Proceedings of the Royal Geographical Society* 19（1875）：pp. 515-517.），1876年发表于《清国与教会记事报》的《台湾旅行记》（Arthur Corner, "A journey in Formosa." *The Chinese Recorder and Missionary Journal* 7, ii（1876）：pp. 117-128.），1877年发表于《皇家地理学会期刊》的《台湾南北走一回》（Arthur Corner, "A tour through Formosa, from south to north." *Proceedings of the Royal Geographical Society* 22（1878）：pp. 53-63.）

朦胧而不断地变为清晰，到 20 世纪，台湾已经不再神秘。即便是居于东海岸和内陆山区的原住民，西方人也已经多次探访并留下文字和影像记录。虽囿于时代、动机、价值观和西方文明本位主义等因素的影响，近代西方人看台湾不可避免地带有以偏概全、看问题肤浅表面化之错漏之处，甚至扭曲、妖魔化台湾，但正是由于西方人探索台湾、研究台湾，将台湾的信息向世界传播，打开了台湾与世界文化交流的大门，增添了中国与世界交往的内容与实质。从西方人对中国、对台湾的认识中，我们可以看到自身意识之外的人们对中国、对台湾的看法，从而反思中国在东西方交流话语处于被动地位原因，进而改变和提高中国的话语地位，改变近代以来被妖魔化的中国形象。

方志学视野下的晚清中外台湾游记（1840—1895）[*]

——兼论近代台湾地方话语权的再建构

卞　梁¹

【摘要】　阐释游记与方志在体例及内容上的共通之处，后通过对晚清中外台湾游记的解读，分别梳理各自在特殊历史时期的发展脉络及形成特点，尝试剖析两者在争夺近代台湾地方话语权的过程中所展现的中西文化差异。

【关键词】　方志学　中外台湾游记　晚清　话语权

方志自古便是历史书写中重要的组成部分，从春秋晋《乘》、楚《梼杌》始，绵延两千余年。清代方志大家章学诚曾言：凡欲经纪一方之文献，必立三家之学，而始可以通古人之遗意也。仿纪传之体而作志；仿律令之体而作掌故；仿文选文苑之体而作文征①。可见方志必具备志、掌故、文征三者。而游记一般需要地物、游踪、情感（或理念）。从概念上分析，这三者与方志三要素之间有差异却互相关联：对地物的描述是志的重要部分，游踪则是掌故所要清晰描述的内容之一，文征亦能表现作者丰富的情感。因此，游记早已被冠以"类方志"②的别称。晚清台湾地区局势纷繁复杂、变化多端，传统的方志编纂工作受到了极大挑战，同时，清廷派驻的官兵及赴台西人的增多使晚清台湾游记的发展速度逐渐加快。通过对游记的种种解读，一定程度上能够还原地方史志记载所缺失的表述，同时使后人得以了解当时台湾地方话语权的分散与整合过程。

1895 年日本侵台乃台湾近代史上的转折点，也是台湾游记全面衰落的起点。一方面清廷开始丧失对台地的管辖权，中文游记迅速减少；另一方面日本对在台西人采取严格的人身管控措施，西文游记亦快速绝迹。因此，1840—1895 年的台湾游记所具有的历史重要性不言而喻。

---

* 基金项目：本文系 2016 年国家社科基金项目"地方史志编纂与中国涉海主权诸问题研究"（16BDJ010）的阶段性研究成果。

1　作者简介：卞梁（1989—），浙江杭州人，福建师范大学闽台区域研究中心、社会历史学院博士生。

① 张树棻纂辑，朱士嘉校订：《章实斋方志论文集》，济南：山东省地方志编纂委员会办公室，1983 年，第 6 页。

② 台湾学者黄美玲最早提出"类方志"的概念，她认为游记便是"利用方志的包容性展现其在台见闻，并以方志的外貌让文本具有更大的公信力，以供后来者参考"的一种类似方志的著作。参见黄美玲：《明清时期台湾游记研究》，台北：文津出版社，2012 年，第 29 页。

一、晚清中文台湾游记的发展与转型

第一次鸦片战争后，国门大开，清廷对台的控制力开始衰退。淡水庭事曹士桂[①]所著《宦海日记》便清晰记录了这一过程。首先显现的便是台地基础设施建设的落后。五条港（今云林麦寮海丰港）是鹿港因淤塞而另通的台中部重要港口："鹿港口门淤浅，商舟不前，道光四年采舆论，请开五条港利商船。"[②]

然而短短二十年亦面临着尽失繁华的危险：

> 舟子□□□□□之顺而速，而入口之早争一刻也。盖近岸十数里□□□，大舟不能达岸，故开港道以入之。口，港道也，如是舟亦海船之中下耳，然已入水八尺，非十有二尺水不行。且沿海岸皆铁线沙也，遇木深入，再触沙数次辄坏，似水中石场然。[③]

因此，持续近百年之久的"一府、二鹿、三艋胛"盛景在当时已不复存在。究其原因，1850 年前后，欧洲货轮大量出现在东南亚一带，西洋船的大吨位、大吃水量对台地港口提出了新的要求，鹿港一带只能被迫转型为轻型帆船集散地。又因清廷为鼓励对外贸易，设淡水、基隆、打狗、安平为通商口岸，这也宣告了以鹿港为代表的台中港口的集体没落。

除了基础设施的建设趋于缓慢，台湾的社会矛盾亦日益增多，"番割"[④] 间的斗争逐渐加剧：

> 秀尝犯大辟罪，二十四年分类案，即因秀与洪璠争垦外国姓大平林地肇衅，秀数因其番妇招生番出而抢劫数次，毙数十人，系枭首不足蔽辜者。璠则家大平林下噗屯园，两家相距二十几里。分类案璠为首恶，皆以所居住近番地，严缉未获。史梅叔以两人皆凶悍，素通番亦足制番，请于上宪宥其罪，用为招抚生番使，私赏顶戴，且云把总职，加六品衔，以意为之，不避干犯也。[⑤]

这是两大番割李秀和洪璠因争夺当地垦番权引发的大规模械斗，然而官府对这样的一起严重扰乱社会治安的事件竟采取"宥其罪"并"私赏顶戴"的奖励措施，可见当时清政府对番地及番地周围群众的实际掌控力已大大减弱。值得注意的是，对于普通汉人偷垦，官府的惩戒措施却十分严厉：

> 社西有今春私入汉民二十余人，屋数椽，私垦地数十亩，种旱稻。公曰："奸民也，新来未久，不可不逐。"命毁其屋，芟其稻，捕其人，逃矣！[⑥]

这种对番汉间的不同处理方式，一度成为晚清台湾社会矛盾激化的根源，这些都被曹士桂完整地记录了下来。然而同样不可否认的是当时政府对番地开发力度的不断加大，汉人私垦番地，与"原住民"不断进行融合已成为当时台湾社会不可逆转的趋势：

---

① 曹士桂（1800—1848），字丹年，云南文山人。道光二年（1822 年）举人，在台先后任鹿港同知、淡水庭事，后病逝于任上。

② 姚莹：《东槎纪略》，南投：台湾省文献委员会，1992 年，第 24 页。

③ 曹士桂：《宦海日记校注》，昆明：云南人民出版社，1988 年，第 160 页。

④ "番割"在一些文献中也被称为"土生仔"，指那些娶"原住民"女人为妻的汉人，他们通晓番语，在原汉间均有较大影响力。

⑤ 曹士桂：《宦海日记校注》，昆明：云南人民出版社，1988 年，第 173 页。

⑥ 曹士桂：《宦海日记校注》，昆明：云南人民出版社，1988 年，第 204 页。

社仔社近在山口，汉奸私垦已多，埔社自受害后，引熟番以自固，二十余年来，丁户渐繁，私垦亦复不少，今一旦强以升科纳租，自非所愿……现在移居湄社之番已数十家，官召之佃数十户，且道路已开，□□拟此辈或于谋焉。①

一百多年前（1721年）蓝鼎元考察此地时，只见"原住民""浮田种稻""家藏美酒"并"挟弓矢射鱼，须臾盈筐"②，而到了道光二十六年（1846年），曹士桂眼中的景象是：

内附改熟，投诚真挚，嗷嗷待哺，开垦则给租授食，一切官为□护，尚可长其子孙。③

通过比较发现，"原住民"的生活方式发生了巨大改变，行为也进一步汉化融合。这是台湾社会变革的重要例证。

这一时期，游记除了关注台湾的社会变化外，还积极考察台湾的防务情况，这是晚清台湾的局势所决定的——丁绍仪④所著《东瀛识略》便是其中的典型。客观上看，该书更接近方志的范畴而非游记，书分八卷，卷一为建制、疆域，卷二为粮课、税饷，卷三为学校、习尚，卷四为营制、屯隘，卷五为海防、物产，卷六为番社、番俗，卷七为奇异、兵燹，仅有最后的第八卷所记为遗闻及外记。在该书中，作者根据自身对航海时代的理解，对台湾的军事防备提出了很多建议，其一便是军事港口的北迁：

盖安平昔为要隘，近年鹿耳、鲲身悉被沙淤，海舶到台，非泊百里外之国寨港，即泊凤山县之旗后口，似毋庸重兵坐守矣。⑤

并且给出了令人信服的理由，除了上述"鹿耳、鲲身"被沙淤外，与大陆保持紧密联系也是其考虑的要素："沪尾距福州海口最近，风利则朝发夕至，信息易通。控制全台似无有要于此者。"⑥

同时，作者还通过记载台地建城的历史突出台建城的重要性：

初，府厅县皆未建城。雍正初，请建未果。乾隆中，始立炮台、树城门，栽莉竹或九芎树为卫。民间庄堡亦有环植莉竹且筑铳楼以自固者。逮嘉庆、道光间，乃次第筑砖石城。惜土松，又易震，未有数十年不倾圯者。今惟澎湖厅无城，葛玛兰厅与凤山县所治埤头尚未改建。⑦

而在军队人员建设方面，作者认为台地居民大多重利好民，因此不可大用：

台民性慕浮荣，得一职衔例贡，必颜其楣。如访有孝子、弟弟、顺孙、节妇及乡里共推善人者，分别请旌给匾；准其制为钦旌特褒某项衔牌、婚丧等事，列于头踏之前，其人见官长免行跪礼，用彰殊宠。小民见此，无有不争相夸羡者。⑧

有趣的是，丁绍仪提出了自以为的解决之法，那就是重用澎湖士兵，他认为澎湖人民个性淳朴安分，较易管教，这也是历史上最早对澎湖人民的论述：

---

① 曹士桂：《宦海日记校注》，昆明：云南人民出版社，1988年，第233页。
② 蓝鼎元：《东征集》，台北：文海出版社，1977年，第86页。
③ 曹士桂：《宦海日记校注》，昆明：云南人民出版社，1988年，第234页。
④ 丁绍仪（生卒年不详），字杏舲，江苏无锡人。道光二十七年（1847年）因公事滞台。
⑤ 丁绍仪：《东瀛识略》，南投：台湾省文献委员会，1992年，第5页。
⑥ 丁绍仪：《东瀛识略》，南投：台湾省文献委员会，1992年，第6页。
⑦ 丁绍仪：《东瀛识略》，南投：台湾省文献委员会，1992年，第11页。
⑧ 丁绍仪：《东瀛识略》，南投：台湾省文献委员会，1992年，第37页。

台民悍、澎民懦；台民奢侈、澎民贫苦。作奸犯科，不数年辄蠢动者，皆台民，澎民无有也。①

这方面的记载，不仅远超游记的记叙范围，更是方志中《地理志》《军事志》亦不曾具备的。可见，晚清时台湾游记的概念已经随着时局的变化而悄然改变，是一种总结执政经过的官方谏言书。

与此同时，该时期方志将对"原住民"的考察列为其中之重点，作者借由职务之便，第一次系统考察了全台番社的情况，为1885年后刘铭传全面开展抚番工作提供了宝贵的资料：

> 综计全台熟番一百二十八社，归化番二百三十七社，未化野番可知者八十九社……今每社男妇少者二三十名，多则百余名、二三百名，最多至四百余名，无不另分新社者……百余年来，自生自灭于重峦叠嶂间、有社名存而番已易者，有番是而社名非者，且有土人占耕其地仍冒社番名者。②

总而言之，《东瀛识略》是晚清为数不多的中文游记中的经典之作，不仅在文学上获得了"文笔精炼、见解透彻、文采斐然"③这样的评价，在方志学上亦突破传统纪、志、图、表、书、传并用的体例编写法，以游记这样一种特殊的文字载体将晚清台湾百姓的生活现状真实记录了下来，且数陈时弊，大有劝诫之意。当然，丁在书中所陈之时弊，虽疾首痛心但却处处可见其用心良苦之处，如对于"台民易乱"的现象，丁将其归结于清朝官员的贪污苛政：

> 台湾为海外严疆，定制文武官胥由内地调往，非夙著循良卓卓有声者不得预其选。洵如是数百年可期无事。何以数年、数十年变乱频仍欤？故老传言，朱一贵之起，由知府王珍任意苛敛，淫刑以逼；林爽文之变，由知府孙景燧始则因循弥缝，继则轻率妄动；张丙之反，由知县邵用之贪黩偏执，知府吕志恒不恤民隐。④

丁之所以提及"任意苛敛""不恤民隐"，目的还是告诫宦台官员洁身自好、体恤民情，这与近代来台西人所著游记中那种反抗官府统治的记载是完全不同的。

二、近代旅台西人游记中的方志要素

自1865年西方新教传教士时隔200年再次踏上宝岛的土地，中西文化的摩擦与融合便随着台湾的历史发展延续至今。而从1865年开始至1895年台湾被迫割让给日本的这30余年是西人来台人数的快速增长时期。尤其是1868年中英所签订的十项条约，不仅规定"教士随处可以传教，不得禁阻"，且"华民以后不得滋扰洋教士""倘有中外交涉之事，宜先禀明中外官府，不得私自滋闹"⑤。这就取消了西人传教的地域限制，同时为其人身安全提

---

① 丁绍仪：《东瀛识略》，南投：台湾省文献委员会，1992年，第45页。
② 丁绍仪：《东瀛识略》，南投：台湾省文献委员会，1992年，第70页。
③ 黄美玲：《明清时期台湾游记研究》，台北：文津出版社，2012年，第320页。
④ 丁绍仪：《东瀛识略》，南投：台湾省文献委员会，1992年，第92页。
⑤ 台湾"中央研究院"近代史研究所编：《教务教案档》第二辑（三），台北："中央研究院"近代史研究所，1974年，第1353页。

供了必要的保障。"传教士的利益受到了当地政府的保护，台湾社会（对西人）的不满情绪立刻沉寂了"①。在这样的情况下，西人纷纷开始在台游历，对其风物地貌进行深入了解，并述之笔端，这使得西人旅台游记进入了发展的黄金期。

马偕（George L. Mackay）② 牧师可以说是对近代台湾影响最大的西方人，他将当时的西方文明带入北台湾，创建了北台湾基督长老教会并延续至今。同时，其所著《福尔摩沙记事》（*From Far Formosa：The Island，its People and Missions*）是晚清台湾西文游记的典型代表。

在该书中，马偕详细记录了台湾北部岛屿的岛屿风貌，这对于一名西方人而言是十分难得的：

> 在台湾东北边离鸡笼约一百多里的地方有三个小岛，分别为花瓶屿、棉花屿（Graig）、彭佳屿（Agincourt），每个岛名正合于对该岛的形容。这些岛属于台湾，但都是自治的。

> 花瓶屿是个不规则的秃岩，上面没有长任何植物，也没有动物可以在那里生存。这岛高出水面有一百七十尺……

> 棉花屿也不适合人类的长期居住，但却是个让海鸟飞来栖息的好地方……岛的一边有一座垂直而起的粗糙岩石，约两百尺高，有个坡度慢慢下降到海边，形成约有二三英亩大的平顺岛面……

> 彭佳屿比上述两个岛屿都大得多，凸出海面有五百四十尺高，岛面约有十英亩大，有一百多个来自鸡笼的汉人住在那里……我在岛的小山丘上看见过几群山羊，但没有其他动物……在一个比石屋还高的地方，我看到了一座很久的炮台，像在苏格兰的撒德兰郡早时匹克特人所遗留下来的炮台一样。③

然而需要警醒的是，虽然如此详细地对台地理描述客观上能够有效增进西方人对台湾的了解，但是考虑到当时东亚地区盛行的帝国殖民政策，若将其与西方国家的对台情报搜集工作联系起来亦不足为奇。

马偕对"原住民"的评价并不好。在他眼里，这些"生番"除了历史悠久似乎毫无人性可言：

> 对于生番的生活，那种野荡不羁、在荒野丛林里以英勇的耐力悠游穿梭、不屑于文明的甜美、过一天算一天、若所期盼欲求的受到阻碍时就视为灾难。

> 没有人知道这些皮肤黝黑的马来族人已经在这些山上狩猎鹿及山猪有多少个世纪了，而历史记录最远也只能追溯到一千年前，但在这之前他们就已经在这岛上了。④

尤其是其中可怕的"猎人头"们，他对他们感到十分惧怕：

> 台湾的生番最热爱的是猎取人头，这也是他们被控诉的一项暴力罪行。他们

---

① W. Campbell, *An account of Missionary Success in the Island of Formosa*, Vol. 1, London：Trübner & Co., 1889, p. 218.

② 马偕（George L. Mackay, 1844—1901），加拿大长老教会传教士，在台传教40年，兴办学校、医院、教堂等超两百座。

③ 林晚生译，郑仰恩校注：《福尔摩沙记事：马偕台湾回忆录》，台北：前卫出版社，2007年，第174-175页。

④ 林晚生译，郑仰恩校注：《福尔摩沙记事：马偕台湾回忆录》，台北：前卫出版社，2007年，第243页。

自幼到衰老都只热衷于这一件事，从不感厌倦，也绝不会动恻隐之心。①

一猎到人头生番们就会尽快回自己的村子，仍在山顶上尚未到达村子，就高声发出胜利的狂叫，等候的村人一听到这声音就会派一群人到村外迎接这些勇士并护驾他们回来。②

可以说，马偕眼中的"原住民"和宦台官员眼中的生番们有极大的不同。这些居于番地，由清政府负责保护生活的"原住民"成了马偕眼中十足的"恶魔"。这种西人与番人的祸根早在200年前便已埋下。17世纪荷兰殖民者将枪炮指向台湾"原住民"，妄图使其屈服，结果产生了极为严重的后果。不仅形成了"这里的人毫无基督教的认识，只是徒有虚名"③的消极传教局面，且大肆搜刮民脂民膏，"通过榨取可怜的台湾人，抢夺其仅有的狩猎收入而养肥了自己"④，之后便"一直盘算着回国后享受舒适的生活，他们要求尽早解除他们的职务以便尽快（从台湾）脱身"⑤。在这样的情况下，"自私、贪婪、残忍"便成为台湾人民对在台西人的首要印象。以至于两个世纪后的旅台西人仍被冠以"西来禽兽"之名，矛盾与伤害便无可避免了。

不过值得欣赏的是，马偕还是记录下了番人的生活景象，这是中文游记及方志中极为缺乏的宝贵资料：

酋长的房子是一间有三十尺长的大房间，夜里两端各有一个火堆，男人都站在一个火堆周围，妇女就蹲在另一个火堆旁。

在房间对边的长椅上躺着一位生番母亲和她刚出生在睡觉的婴孩，她是个人，也有身为人母的本性，但确是个无知的番人，竟在那里不停地吸着长竹烟枪。男人们边吸烟边说故事和讨论着狩猎，以及不久将到边界的出征。妇女们则忙着在多轴纺织机上纺纱，并边绕苎麻线边谈笑或互相揶揄。⑥

总体而言，马偕对台湾的考察多集中在自然地貌及"原住民"形象方面，虽然由于自身视野及立场所限，在记叙方面存在管中窥豹、断章取义的现象，但马偕所记客观性较强，在很多方面弥补了晚清方志记载的不足，具备《地理志》《风俗志》的基本要素。同时，马偕对台湾的真挚情感也是不可否认的：

遥远的福尔摩沙是我所挚爱的地方，在那里我曾度过最精华的岁月，那里也是我生活关注的中心。望着岛上巍峨的高峰、深峻的山谷及海边的波涛，我心旷神怡……即使赔上生命千次，我也甘心乐意。⑦

然而近年来，马偕在台湾地区的地位不断升高，被誉为"一个比台湾人更爱台湾的'正港台湾人'"⑧，甚至被形容为拥有"史上熠耀千古的伟大心灵"⑨。这样的评价难免有

① 林晚生译，郑仰恩校注：《福尔摩沙记事：马偕台湾回忆录》，台北：前卫出版社，2007年，第258页。
② 林晚生译，郑仰恩校注：《福尔摩沙记事：马偕台湾回忆录》，台北：前卫出版社，2007年，第263页。
③ W. Campbell, *Formosa Under the Dutch*, London: Kegan Paul, Trench, Trubner &Co. LTD. 1903. p.211.
④ W. Campbell, *Formosa Under the Dutch*, London: Kegan Paul, Trench, Trubner &Co. LTD. 1903. p.274.
⑤ W. Campbell, *Formosa Under the Dutch*, London: Kegan Paul, Trench, Trubner &Co. LTD. 1903. p.279.
⑥ 林晚生译，郑仰恩校注：《福尔摩沙记事：马偕台湾回忆录》，台北：前卫出版社，2007年，第255页。
⑦ 林晚生译，郑仰恩校注：《福尔摩沙记事：马偕台湾回忆录》，台北：前卫出版社，2007年，第355-356页。
⑧ 林晚生译，郑仰恩校注：《福尔摩沙记事：马偕台湾回忆录》，台北：前卫出版社，2007年，第355页。
⑨ 林晚生译，郑仰恩校注：《福尔摩沙记事：马偕台湾回忆录》，台北：前卫出版社，2007年，第1页。

矫枉过正之嫌，不失为现代台湾马偕研究领域的遗憾。

1865 年，马雅各（Dr. James L. Maxwell）① 从打狗（今台湾高雄）抵达台湾府（台南），开始了他在南部山区的医疗传教工作。三年后，李庥（Rev. Hugh Ritchie）② 来台协助其开展活动。李庥在台期间多次走访台南及台东地区，著游记数篇，大多收录在《教务杂志》（The Chinese Recorder and Missionary Journal）③ 上，成为晚清台湾东南部游记的典型。

借由李庥的记叙，19 世纪中后期的台东海岸美景得以再现，这也是西文中最早有关台东海岸的记叙：

> 经过漫长的一天我才得以到达东海岸，我只能站在平底帆船的甲板上，听着海浪的咆哮，欣赏来自于北太平洋的浪花。岸边是各式的天然海港，北面有个四五英寻深的海塘，底部都是淤泥……台东的六英里海岸线多样而有趣，一些地方离海非常近。④

台东地区的丰富物产也让李庥陶醉其中：

> 这里鸟类众多，随处可见画眉、云雀等，亦盛产小麦、小米、芝麻、土豆及烟草，北边的森林里到处是樟脑树，时常能发现麋鹿、野猪甚至猎豹、灰熊等生物的踪迹。沿海的山峰苍翠欲滴，一些圆丘上常覆盖着一米多长的茂盛野草，为这片土地涂抹上了斑斓的色彩。⑤

西人对于某些物产的描述甚至比中文方志还要详尽，如李庥不仅描述了槟榔的外观和颜色，还将当地人的用法做了记录：

> 槟榔是当地人十分喜爱的食物，不仅被用来食用，而且常见于各类祭祀场合，每当男人们外出狩猎前，他们都会撬开一颗槟榔，将红色的汁液涂抹在手上，以期向上帝祈祷，寻求神的帮助和庇护。⑥

有趣的是，李庥对南部生番日常生活的描述竟和马偕出奇的相近：

> 王座是一张四脚的板凳，临近灶台，位于一层的中央位置。其他地方则铺满了凉席给族人在白天休息，有些人甚至晚上也睡在那。当然对于女性而言，居所更为私密。普通族民的居住条件则更为简陋，他们的房屋大多数用竹竿和干草堆砌，大约有四十英尺高，仅有几张鹿皮装饰着地板和床铺，墙上还挂着鹿角和野兽的骷髅。小棚屋两侧的山形墙上有一扇门，窗户在前方，所以在潮湿炎热的季节，屋内无法及时通风。部落的房屋非常密集，大大小小的房屋远看像蜂巢一样，

---

① 马雅各（Dr. James L. Maxwell, 1836—1921 年），19 世纪中后期在台南部活动的医生兼传教士，创设台湾首座西式医院。

② 李庥（Rev. Hugh Ritchie, 1834—1879），英国长老教会牧师，1867 年代替海上殉难的马逊牧师（Rev. David Masson）来台协助马雅各医生，是该教会派遣来台的第一位牧师。

③ 《教务杂志》（The Chinese Recorder and Missionary Journal）是 19—20 世纪在中国出版的英文刊物中持续时间最长者，此刊物创办之目的乃为来华西人提供一个交换信息的平台，以协助彼此对中国文化的了解与交流工作的推行。杂志所涵盖的主题十分多元化，探讨了当时西人在华的相关迫切问题，具有极高的史料价值。

④ *The Chinese Recorder and Missionary Journal*, *Volume 6*, Shanghai：American Presbyterian Mission Press, 1875, p. 206.

⑤ *The Chinese Recorder and Missionary Journal*, *Volume 6*, Shanghai：American Presbyterian Mission Press, 1875, p. 206.

⑥ *The Chinese Recorder and Missionary Journal*, *Volume 6*, Shanghai：American Presbyterian Mission Press, 1875, p. 208.

人们常常挤在没有门窗的室内的火堆旁抱团取暖，烟雾弥漫，空气污浊。这导致了疾病的肆意横行。①

这种南北生番在生活上的一致，说明了台湾 14 个 "原住民族"② 有着相同的历史渊源，也从侧面印证了近代西人游记的客观性。值得反思的是，同时期的中文游记及方志对 "原住民" 日常生活的描述却几近于无，这显然不是因生番地区难以进入所造成的，因西人尚且得以进入，作为统治者的汉族人员没有理由丧失前往该地考察的权利。那么，"汉文化中心主义"③ 就成为了造成这种局面的唯一可能。对台湾生番文化的轻视和反感，让汉族士人们错失了了解番地民情的绝好机会，甚是可惜。

而西人因大多肩负着传教的任务，如李庥在他东游期间亦深入平埔族，多次沟通传教："平埔族人乐于聆听福音，白天各自进行祈祷，晚上则聚集在一起祷告直到深夜"。④

这令他十分兴奋，感慨 "这是近代来台西人由 '被钉在十字架上' 向 '受人尊崇' 的角色转变"。⑤

也正因此，近代西人在番地确实取得了不错的成绩，尤其是在宗教方面。到 1870 年："现在有近 50 个家庭皈依了基督教……每个家庭都渴望拥有一本赞美诗……相信这里所有的皈依家庭每天都会进行早晚祈祷"。⑥

1876 年春，李庥牧师离开打狗，前往厦门和上海⑦，同在打狗教区工作的康纳（Arthur Corner）便接替了他的工作。与前任有所区别的是，康纳更喜欢深入汉人族群进行了解。他沿着凤山旁的溪流而下，立刻就被一个汉人小镇所吸引：

> 周围的土地都被改造成了梯田用来灌溉和耕种，用于灌溉的水被一层层积蓄起来。为了防止洪水的突然入侵，村民们细心挖掘了多条宽阔的沟渠以供排水，两侧都是坚硬的岩石，或者是用木钉固定的竹排……一辆辆手推车上装满了木材或是甘蔗，它们通常由一头大水牛和一头小牛拖动……这里听不见四轮马车或者火车的声音……中国人很懂得欣赏音乐，他们工作时常常哼着小曲。⑧

这是西文记载中最早的有关台湾梯田的描述，同时可知当时迁居台南的汉族同胞已将东南沿海先进的水利设施建造技术带到台湾，生产方式也以农耕为主，除了在作物方面盛产甘蔗糖类，其他与大陆几无差异。

---

① *The Chinese Recorder and Missionary Journal*, Volume 6, Shanghai：American Presbyterian Mission Press, 1875, p. 207.
② 根据台湾省 2007 年的统计，台高山地区现存 "原住民族" 14 个，依次为阿美人、排湾人、泰雅人、布农人、太鲁阁人、鲁凯人、卑南人、撒奇莱雅人、赛德克人、邹人、赛夏人、雅美人、葛玛兰人、邵人。参见叶兴建：《台湾高山族》，福州：福建教育出版社，2011 年，第 12 页。
③ 有关 "汉族中心主义" 的说法，费正清指出 "中国对外部世界的憎恶和轻蔑，以及一味关注本国事物的狭隘视野，逐渐演变为一种民族中心主义思想……因此，中国的仇外思想是与高度的文化优越感联系在一起的。中国作为一个巨大的 '天朝上国' 而非文化集团做出回应"。参见 [美] 费正清：《费正清中国史》，长春：吉林出版集团有限责任公司，2015 年，第 178 页。
④ *The Chinese Recorder and Missionary Journal*, Volume 7, Shanghai：American Presbyterian Mission Press, 1876, p. 167.
⑤ Rev. Justus Doolittle, *The Chinese Recorder and Missionary Journal*, Vol. 3 (1870. 6~1871. 5), 1871, Foochow：Rzario Marcal& Co, 1871. p. 167.
⑥ The English Presbyterian Messenger, August, 1870, p. 186.
⑦ *The Chinese Recorder and Missionary Journal*, Volume 7, Shanghai：American Presbyterian Mission Press, 1876, p. 76.
⑧ *The Chinese Recorder and Missionary Journal*, Volume 7, Shanghai：American Presbyterian Mission Press, 1876, p. 118.

李庥、康纳的这两次东游所记，不仅是对近代台湾南部地区风物地貌、人口社群记载的补充和完善，更是西方人"他者形象"的集中展现，这种基于"东方主义理论"① 而产生的西方中心观，与汉文化中心主义遥相呼应，是西文游记中的独特之处。

三、方志学思维下的近代台湾话语权再审视

方志学是一门介于历史学和地理学之间的学科，历经千年，虽体制不断完备，却"一夸饰而古迹人物辗转附会，一攀附而琐屑之事迹，庸沓之诗文相连而登"②，在系统性、专门性和深刻性上有所欠缺。而游记则恰到好处地弥补了这些。在这其中，中西游记就如何表述"台湾"这个概念时各自有着不同的理解。这种理解的不同，正是中西文化为争夺台湾话语权而展开的博弈。

西方人坚信"话语即权力"③，谁能对台湾进行更符合自身需求的解释，谁就拥有了在台地的主导权。

首先，清政府开始对台湾的战略地位进行重新审视。清政府收复台湾后，一度对台湾的"去留"展开过激烈的交锋和讨论，最终康熙帝决心英明决策：

台湾弃取，所关甚大。镇守之官三年一易，亦非至当之策。若徙其人民，又恐失所；弃而不守，尤为不可。④

从中不难看出，当时收归台湾的主要目的乃"恐人民失所且弃之不可"，但是随着世界大航海时代的到来，海洋文明及其所带来的海洋霸权行为⑤使得清政府认识到了台湾的重要战略地位："闽洋紧要之区，以厦门、台湾为最，而台湾尤为该夷歆羡之地"。⑥

尤其是鸦片战争后，各国列强对台湾的觊觎和侵略不断加强，特别是日本，吞并台湾的企图已到了路人皆知的程度，明治时期日本文部大臣井上毅曾向伊藤博文进言：

世人皆知朝鲜主权之必可争，而不知台湾占领之最可争，何哉？……占有台湾可扼及黄海、朝鲜海、日本海之航权而开阔东洋之门户，况台湾与冲绳及八重山群岛相连，一臂所伸，可制他人之出入。若此一大岛落入他人之手，我冲绳诸岛亦受鼾睡之妨，利害之相方，不啻霄壤。⑦

因此，清廷在处理台湾问题时，不断强调两岸与生俱来的关系及官方统治权的正统性。中文游记不仅在体例、形式、内容等各方面与大陆游记高度一致，且通过刻意贬低当地

---

① 有关东方主义理论的代表性阐述见于萨义德的代表作《东方学》（萨义德著，王宇根译：《东方学》，北京：三联书店，1999年），他提出19世纪西方国家眼中的东方世界是没有真实根据、凭空想象出来的东方，因此对该地的人民及文化存在着强烈的偏见，亦为欧美国家的殖民主义提供了借口。

② 仓修良：《方志学通论》，北京：方志出版社，2003年，第45页。

③ "话语即权力"是当代法国哲学家、思想家米歇尔·福柯在1970年法兰西学院的就职讲座上所提出的，即"话语同时也是争夺的对象，历史不厌其烦地教诲我们，话语并不是转化成语言的斗争或统治系统，它就是人们斗争的手段和目的，话语是权力，人通过话语赋予自己权力"，这也是对西方世界殖民主义思潮的极好总结。

④ 台湾省文献委员会编：《清圣祖实录选辑》，南投：台湾省文献委员会，1996年，第131页。

⑤ 海洋霸权行为即指殖民主义、帝国主义国家为了称霸世界及独占海洋资源，通过剥夺其他国家领海权互相展开竞争的国家行为。参见北京大学国际政治系民族解放运动教研室编：《战后民族解放运动史（1945—1978）》，1980年，内部教材，第497页。

⑥ 齐思和：《筹办夷务始末（道光朝）》（卷十一），北京：中华书局，2014年，第373页。

⑦ 黄大绥：《台湾史纲》，台北：三民书局，1982年，第196页。

"原住民"、拔高汉人"通情达理"的形象建构起了以汉文化为主体的官方话语权。

而与之相反，近代赴台西人面对的则是基本的生存需求及繁重的来台使命。为了确保自身安全以便开展更多活动，他们对台中下层百姓采取拉拢政策，并刻意放大官府与百姓间的矛盾，这其中的典型便是白水溪教案。随着传教的不断深入，甘为霖决定在嘉义白水溪（Peh-tsui-khe）设立台湾中部第一个宣教点，但遭到了原住民的激烈抵抗：

> 初，为霖在嘉传教，从者少，至店仔口庄，庄豪吴志高族人夜袭之，为霖逃，伏从莽中，数日始归府治。①

这是"第一个以乡绅为首的反洋教运动"②，呈现出台湾乡绅反教的新形势。

有趣的是，马雅各这样描述当时在台的地方官员：

> 汉族来台移民对白水溪一带进行着残酷统治……一些当地居民在我们的影响下成为了基督教徒，之后他们开始对当地暴政感到愤愤不平，声称要取缔当地统治者的非法权利。③

他将台湾社会的诸多问题归结于中国地方官的无能，有意识地唤醒台湾居民的自主意识，鼓动其反对清政府的统治，并将其归结于皈依基督后精神层面的"重新发现"。然而这一番言论却与台湾的实际情况大相径庭，事实上，台湾地方官员对白水溪教案的处理极其迅速，以"开为吸烟……非有心之过"④为由，启备银150元以赔偿教堂损失，且在该案中据理力争，维护了台湾人民的尊严，这显然和残酷暴政相去甚远。

这种潜意识中的反抗意识使得西人游记在记叙时极其强调台湾的独立性，不论是地貌、动植物，还是人文风情，均被用来与其欧洲母国进行比较，丝毫未涉及两岸间的密切联系。这样的游记，似乎少了几分客观，多了几分政治色彩，不禁让人遗憾。

四、结语

晚清时期（1895年前）的中外游记，各具特点却相互关联。中文游记正统权威的叙事方式、军事海防为主的考察内容、以汉民族为中心的文化理念均体现出清廷对台湾战略地位的高度认同；西文游记则深受兰克史学⑤的影响，以西方一贯的写实主义风格细致入微地展现了台地居民的日常生活，尤其注重对"原住民"的考察。两者为争夺台湾地方的话语权展开了激烈交锋，却进一步吸纳融合，为今日台湾丰富的意识文化形态奠定了历史基调。

---

① 连横：《台湾通史》第22卷《宗教志》，北京：商务印书馆，2010年，第443页。
② 林金水：《台湾基督教史》，北京：九州出版社，2007年，第155页。
③ *The Chinese Recorder and Missionary Journal*, Volume 6, Shanghai: American Presbyterian Mission Press, 1875, p. 155.
④ "中央研究院近代史研究所"：《清季教务教案档》第三辑（三），台北："中央研究院"近代史研究所，1977
年，第1442页。
⑤ 兰克史学是由19世纪德国史学大师利奥波德·冯·兰克（1795—1886年）所创建的，强调重视原始资料的利用和考辩，对当时整个欧洲的文风有很大的影响。

从清宫档案看台湾与祖国大陆
"一体化"的历史进程

——《明清宫藏闽台关系档案汇编》评介

吴巍巍[1]

康熙二十二年（1683年），清朝统一台湾，台湾正式被纳入中央政府管辖的版图，开始了与内地"一体化"并轨的历史进程。在清朝统治台湾的二百多年中，台湾逐渐完成了从"化外之地"向边疆重地的转变。中华文化成为台湾社会主体性文化内涵的局面，长期积淀而牢不可破。近期，由中国第一历史档案馆、福建省档案馆与福建师范大学合作编辑的《明清宫藏闽台关系档案汇编》（30册）出版①。其中选辑汇编2 000多件皇宫档案，包括起居注、朱批奏折、录副奏折、上谕、敕谕、题本、奏片、题名录、咨文、电报、汇钞、信函等，向人们微观、翔实地展示了台湾如何一步一步地与内地（尤其是福建省）接轨的历史细节，并最终完成了与祖国大陆"一体化"的历史进程，成为中华民族密不可分的一份子和中国疆域版图的一块重要组成部分。

一、《明清宫藏闽台关系档案汇编》基本内涵

（一）明、清中央政府统一台湾的历史进程

这部分档案集中于《明清宫藏闽台关系档案汇编》第二册②，档案中揭示了明朝政府收复澎湖、郑氏集团早期活动、清朝康熙时期统一台湾和统一台湾后制定的方针政策等内容。特别是康熙时期进军台湾的中央调度康熙帝的布局，彰显了清朝政府进取台湾的谋略和政策。当时进取台湾的战事主要是在福建筹划，攻取台湾所需钱粮也由福建供给，深刻体现了闽台两地唇齿相依的地缘关系。清朝统一台湾后，围绕台湾弃留问题，福建晋江籍的施琅力排众议，上呈著名的《恭陈台湾弃留疏》，得到康熙皇帝的格外重视，"谕令再行确议台湾弃守事"，最终将台湾纳入清朝政府的管辖版图，开启了台湾历史发展的新纪元。

（二）台湾官员的选任和考核机制

清朝政府统一台湾后，如何选派官员对台湾进行有效行政管理是当时的头等要事。从

――――――――――

1 作者简介：吴巍巍，男，福建顺昌人，历史学博士，两岸协创中心福建师范大学闽台区域研究中心研究员。
① 中国第一历史档案馆、福建省档案馆、福建师范大学合编：《明清宫藏闽台关系档案汇编》，福州：福建人民出版社，2016年。
② 《明清宫藏闽台关系档案汇编》第一册为总目录，第二册实为正文内容的第一册。

《明清宫藏闽台关系档案汇编》第三册开始，便有大量档案向我们展示了台湾地方官员的选拔与考核体制。有意思的现象是：早期台湾府、县级官员，多是从福建各府县调任或调补过去。随着台湾吏治的不断发展完善，开始出现了福建与台湾两地官员互相调任的情况，台湾官员也经常调任到福建地方，或是升任至更高一级的官员，前往省府赴任，充分说明了闽台之间行政关系"互为一体"的区域格局。一般来说，调至台湾的官员多为品行良好、官声俱佳的官员；而官员们在台湾任职也多能兢兢业业、恪尽职守，为台湾的开发和发展做出了不可磨灭的贡献，形成了闽台两地官员互相调动升迁的良性循环局面。

（三）福建与台湾的军事统属关系

清朝政府掌控台湾及其附属岛屿，其中很重要的一环即是在军事上将台湾划入福建水、陆路提督的管辖范围。台湾地处东南沿海，扼东亚海疆航道，素有"七省之藩篱"和"东南锁钥"之称，战略地位极为重要。通过这批清宫档案，可以看到实际上清朝政府对台湾的军事建制和统属关系管理是非常严格的。如首先确立了台湾海防由福建水师负责防卫的关系，从福建水师提督经常性地向奏报台海地区防务形势和政务事宜等即可见端倪。其次是台湾岛内的安全防卫和军务由福建陆军负责。台湾开发较晚，民心不稳，不定期会发生民变事件，如著名的蔡牵、林爽文起义等，正所谓"三年一小反、五年一大反"。为了更好地维护社会稳定，清朝政府治理台湾还需借助军队的力量，这从《明清宫藏闽台关系档案汇编》中福建陆路提督、闽浙总督奏报的平定台湾内乱的诸多奏折档案可窥见一斑。第三是台湾武官的调防多由福建内地选派。在档案中，经常可以看到福建水陆路官员调赴台湾的奏折和谕旨，深刻体现闽台防务一体化的格局。第四是台湾军需物资补给如军粮运输、战船维修等皆从福建来着手推进。此外，闽台之间的"班兵制"也在《明清宫藏闽台关系档案汇编》中多有体现。

（四）台湾科举考试及其与福建的关系

台湾并入清朝政府管辖轨道后，即开始了与内地教育文化一体化的历史进程。作为府县一级的地方行政建置单位，台湾士子参加科举应试在很长一段时间是在福建进行的。台湾士子需要前往省城福州参加乡试，中举后再进京会试。清朝政府对于台湾的教育文化是在政策上也有一定倾斜，不仅在台湾大力推广儒学教育、兴建书院，在科举名额上也给予照顾。在《明清宫藏闽台关系档案汇编》中，即有不少福建乡试题名录中见载台湾各县考生名单，说明台湾文教事业日益与内地一体化的进程。清朝政府在乡试中为台湾考生设立专门保障名额，也促进了清代台湾举人群体的生成，如嘉庆十二年（1807年）闽浙总督阿林保等奏"请准将台湾乡试中额于闽省额定之外再加一名"等，深刻反映了此一状况。据学者估算，清朝台湾举人人数在300人左右[1]。

（五）福建移民台湾的管理制度演变

由于台湾孤悬海外，管理不便。清朝政府统一台湾后，开始是对福建人口移民台湾采

---

① 参见杨齐福：《清代台湾举人之概论》，《台湾研究》，2007年第5期。

取严格管控的措施，渡海移台需在遵照政策许可条件下进行。《明清宫藏闽台关系档案汇编》中有不少这方面的奏章档案。如乾隆三十四年（1769年）"谕令严禁内地民人私行赴台"上谕、乾隆三十七年（1772年）闽浙总督钟音"汇奏福建拿获偷渡台湾民人（附清单）"奏折、乾隆五十一年闽浙总督常青"严查偷渡台湾民人"奏折等。虽然清朝政府严禁闽粤沿海民众偷渡台湾，但百姓依然各显神通偷渡过海，移民台湾的行为可谓"禁者自禁，渡者自渡"①。此一现象在档案中也不乏见载。

（六）福建、台湾之间的经济联系

台湾山多地少，但是土地富饶、物产丰盛，经过不断开发生产，成为了东南沿海著名的鱼米之乡。台湾的经济发展是大批福建籍尤其是闽南移民抵台后筚路蓝缕、胼手胝足打拼出来，这在档案中不乏记录。早期台湾民众发生饥荒、受灾多靠福建的赈济。随着时间的推移，福建沿海也时有粮米不足的饥荒之年，这时候台湾也会向福建沿海地区供应米粮。这种双向关系的发展演变在《明清宫藏闽台关系档案汇编》中多有体现。如乾隆十八年（1753年）"拨运台湾米石接济漳泉二府"；乾隆二十二年（1757年）"福州、泉州等府歉收酌拨台湾仓谷接济"；道光十二年（1832年）"派拨兵船赴台湾运回代买漳泉缺谷"等。

（七）台湾社会问题及其治理绩效

由于移民结构不甚合理，造成清朝台湾社会问题较多，最为显著的莫过于械斗频繁、民乱不断。从《明清宫藏闽台关系档案汇编》第十册开始，便较为集中地出现了要求处理民众械斗的奏折和谕令，这说明当时从中央到地方对此问题的重视，但也反映了清朝台湾民间社会问题难以根治，令各级官员伤透脑筋。此外，也有一些涉及台湾民事案件的档案，个中细节有助于了解清代台湾司法管理的概貌。

（八）台湾建省与海防危机

同治十三年（1874年）日本侵台事件②敲响了台湾海防危机的警钟，也拉开了台湾建省的序幕。《明清宫藏闽台关系档案汇编》最后几册即主要围绕台湾建省及近代化建设的问题，展示近代台湾海防建设与中日博弈的历史细节。台湾经过沈葆桢等倡导的近代化建设，经济社会逐渐发展完善，单独建省被日益提上进程。终于光绪十一年（1885年）由慈禧太后发布懿旨，"着将福建巡抚改为台湾巡抚常川驻扎"，但"台湾设行省须与福建联成一气"。所以，在台湾建省后，清朝官方文件提及台湾一般用其全称"福建台湾"，亦即"福建台湾省"③，从一个侧面揭示福建与台湾无法分割的法缘关系。

---

① 参见李祖基：《台湾历史研究》，北京：台海出版社，2006年，第120页。
② 通常史称为"牡丹社事件"。
③ 参见汪毅夫：《闽台缘与闽南风——闽台关系，闽台社会与闽南文化研究》，福州：福建教育出版社，2006年，第10-12页。

二、《明清宫藏闽台关系档案汇编》学术价值与现实意义

（一）为台湾历史、闽台关系研究等学术领域提供权威性史料

目前，两岸学界已推出多部有关台湾历史的档案资料汇编，代表性者有中国第一历史档案馆与厦门大学合编的《郑成功档案史料选辑》《康熙统一台湾档案史料选辑》《康熙朝汉文朱批奏折汇编》，台北故宫博物院编《雍正朝汉文朱批奏折汇编》，中国第一历史档案馆编《明清宫藏台湾档案汇编》和中国第二历史档案馆编《馆藏民国台湾档案汇编》等，这些文献乃是研究台湾历史最基础的资料。《明清宫藏闽台关系档案汇编》的出版，具有一定的专题式特色，可以与前述资料汇编呼应、互补，为台湾史研究，特别是闽台关系史研究奠定坚实的资料基础。

（二）有助于厘清福建与台湾在历史上的"法缘"关系，深化闽台"五缘"文化研究内涵

"法缘"关系是闽台"五缘"① 中最重要却研究较薄弱的一环②。这批明清宫藏闽台关系档案从军事、政治、教育、法律等方面为我们揭示了福建与台湾在"法理"层面上的内在关系。系统展示了闽台"法缘"的基本内涵和发展演变，有助于深化闽台关系研究的概念诠释和意义探讨。

（三）为台湾历史研究中一些重难点问题提供答案参考、拓宽台湾史研究选题来源

例如，林爽文起义是台湾社会史上非常重要的大事件，对于这一问题，以往学界多以台湾地方志、《台湾文献丛刊》中相关资料和民间文献为主要材料开展研究。此次出版的《明清宫藏闽台关系档案汇编》专门遴选军机处上谕档、军机处台湾档等较为完整的关于"林爽文事件"的档案材料，有助于深化此一问题之研究。又如，对于甲午战争后清朝政府对台湾的处置问题，以往研究虽注意到向内地迁撤的行动，但还鲜有系统探讨。通过这批档案我们看到，甲午战争后在台机构和人员的内迁，对岸福建承担的接应、安置等具体对策和工作之情形，这对深化台湾史与闽台关系史的研究不无裨益。此类案例还有很多，不一一枚举，相信读者们可以从中采挖到各自所需的宝矿。

（四）树立正确历史观、批驳"文化台独"言论的有力武器

近来，"文化台独"现象渐有抬头的趋势。"台独"课纲宣扬的"同心圆史观"③ 使得台湾地区的历史教育谬论百出、黑白颠倒，危害甚大。这套《明清宫藏闽台关系档案汇

---

① 闽台"五缘"关系是2005年由时任福建省委书记卢展工提出的，其对闽台两地"五缘"概念的诠释是：地缘相近、血缘相亲、文缘相连、商缘相通、法缘相系。参见《闽台"五缘"》，《中国新闻网》，http://www.chinanews.com/tw/tw-lajl/news/2009/05-15/1694412.shtml。

② 汪毅夫：《清代闽台之间的法缘关系》，《瞭望》，2005年Z1期。

③ "同心圆史观"是一种强调以台湾为"主体"，周边地区与国家为其"外围"组成的、本末倒置的历史观；目的是"突显台湾与中国之别"，"扭转'中国主体，台湾附庸'的认识方式"，"脱离中国的规范""脱中国化"，是典型的"台独史观"的表现。参见陈孔立：《台湾史研究的史观问题》，载张海鹏，李细珠主编：《台湾历史研究》（第一辑），北京：社会科学文献出版社，2013年。

编》，用大量无可辩驳的史实，说明了台湾是中国不可分割的组成部分，是中华文化的不断拓展和延伸。台湾与祖国大陆（尤其是福建），只能是从属和统领的关系。我们应当以唯物史观为指引，用辩证唯物主义的观点和视野，来正确看待台湾与祖国大陆"一体化"的历史进程，这一历史规律是不可悖逆的。"台独"史观注定将被扫入历史的垃圾堆，遭有良知的人们所唾弃。

（五）对当前大陆从事对台工作和维护两岸关系和平发展有资鉴作用

大量的明清宫藏台湾档案告诉世人：对台湾的经营是一个长期持续的过程，也是一项艰巨的历史重任。一代又一代的中国人为之付出心血甚至生命。从官员、士绅到移民群体，对台湾的治理和开发，从来就没有停止过。台湾能够后来居上，成为近代化建设的区域典范，与清朝政府的重视和封疆大吏的身体力行是分不开的。以史为鉴，继往开来。今天大陆对台工作应在中华文化的框架中有序推进，因为台湾经过200多年与祖国大陆一体化的并轨历程，中华文化已经渗透到社会各个角落，无处不在。对此，要做好两岸民众心灵契合与两岸社会融合发展的工作，就必须让中华文化（尤其是闽南文化）在其间发挥着自动缝合、衔接的作用，这也是历史发展规律给予今人的一道启示。

三、结语

《明清宫藏闽台关系档案汇编》作为迄今最为全面系统反映福建与台湾法理等层面关系的档案汇编，是了解明清时期闽台关系，尤其是台湾与祖国大陆一体化发展进程如何形成的一座资料宝库。这批档案内容十分丰富，涵盖了政治、军事、经济、文化、教育、法律和社会问题等诸多层面，可以视为一部清代台湾历史发展的缩影。限于篇幅，本文无法一一尽述，有待读者深入挖掘使用。正如本书主编李国荣研究馆员所言："这些档案从明代到清代，从皇帝的谕旨到大臣的奏折，每一件都体现了它的原始性、唯一性、权威性和可信性，因此，这套书可以说是一部珍贵的史料。"[1] 它为我们深入开展台湾史研究与闽台关系史研究，打开了一扇通往历史场景再现的大门。

① 《中国第一历史档案馆副馆长李国荣在首发仪式致辞》，见福建网络广播电视台 http：//www.fjtv.net/ folder526/folder617/folder1090/2017-06-09/1134499.html。

从《雅言》看连横的文学观及其当代价值

杨雨晨 [1]

【摘要】 《雅言》是连横撰于1933年前后的一部笔记体著作，以保存台湾文化为创作核心，内容丰富驳杂，体现出作者广博的知识与爱国的情怀。通过对通俗文学及严肃文学的相关论述，连横在《雅言》中阐述了自己的文学观，并表明保存台湾文化的决心。相关论点至今仍然熠熠生辉，颇具参考价值。

【关键词】 连横　《雅言》　文学观　当代价值

一、《雅言》及其成书目的

连横是台湾省著名的爱国诗人与史学家，一生著述甚多，《台湾通史》《台湾语典》《台湾诗乘》等都是体大思精之作，为后来者研究台湾文化铺设道路，对于台湾文化的保存功不可没。海峡两岸研究连横及其著述的文章为数繁多，但对其笔记体著作《雅言》的观察仍嫌不足。《雅言》撰于1933年前后，当时连横以专栏形式连载于台南的报刊《三六九小报》上，后经人排印成书。《雅言》全书共包含303篇笔记，内容丰富驳杂，多则600余字，少则30余字。篇幅大多短小精悍，语言浅易，遣词造句丝毫没有佶屈聱牙之感。部分篇目以类相缀，如对于诗歌、戏剧等的论述；但亦颇有一部分乃属随心而谈，范围极为广阔，涉及俚谚、民俗、博物学、地名学等各个方面。

根据学者孙风华的观察，目前两岸关于连横的语文学研究比较重要的论文有5篇[1]，其中以《雅言》为主要探讨对象的有汪毅夫的《雅言与台湾文化》及台湾赖丽娟的《〈雅言〉之台湾俚谚探析》。前者细致总结了《雅言》中出现的台湾方言、文学样式与民俗事象，后者则对《雅言》收录的台湾俚谚进行了汇总、分类及释义。此外，台湾学者邱德修著有《台湾雅言注译》，对《雅言》书中的各个篇目进行了分析与翻译。

在《雅言》连载的年代，日本殖民政府的统治逐渐深入且日渐残酷，在台湾岛内强力镇压革命斗争运动。文学感受到社会变革的呼唤，亦风云交汇，在形式与内容上都进行着突破。通过《雅言》，连横不仅试图向外界描绘台湾方方面面的景貌，也试图传递自己对于文学、历史、民俗等方面的见解。这些见解或有偏颇及失误之处，但其间流露出的对台湾乡土及祖国的情感，已构成对日本殖民者的强烈反击。

《雅言》一书，在内容上既多样，作者之创作目的也就具有多重性。纵观全书，在创作目的方面大致可以分为三层：

---

1 作者简介：杨雨晨，女，山东临沂人，两岸协创中心福建师范大学闽台区域研究中心硕士研究生。

（一）整理台湾乡土语言，是《雅言》的表层目的

《雅言》开篇第1条中即指明"此书苟成，传之世上，不特可以保存台湾语，于乡土文学亦不无少补也。[2]"在进行乡土语言的讨论时，连横说明了一些特殊的语言现象，并把目光主要放在台湾的俚谚、俗语以及一些外来语在台湾本土的演变上。书中还屡屡提及他所编纂的《台湾语典》，《台湾语典》之自序云："余惧夫台湾之语日就消减，民族精神因之萎靡[3]"，可见作者将乡土语言看得极为重要，这两本书在书写目的上也就具有了部分的一致性。

（二）提倡台湾乡土文学，是《雅言》成书的深层目的

"夫欲提唱乡土文学，必先整理乡土语言"[4]，发扬台湾乡土文学是作者关注乡土语言、整理乡土语言的目的之一。在《雅言》一书中，对于台湾文学的讨论占据了较重的篇幅，主要涉及诗歌、民谣、楹联等方面。而关于乡土文学如何发扬，作者则认为"夫欲提倡乡土文学，必须发挥乡土之美善，而后可以日进。[5]"同时他鼓励文学革命，鼓励民众多读书以发扬文学，认为"夫革命者在内容而不在外观，则精神而不在形式也。[6]"连横之所以如此大力提倡文学，是因为他将文学家的指导看作台湾复兴的一条重要途径。

（三）深扎在《雅言》写作过程中的根本目的，则是保存台湾文化

《雅言》一书内容涵括多方，多角度地记录了台湾的文化状况。作者在书中多次袒露自己对于台湾的热爱之情与对郑成功的尊崇之情，表现了对清朝统治者及日本侵略者的厌恶和鄙视。书中对于台湾风土人情的展示非常充足，种种制度、习俗、器物皆是文化的一种载体，通过这类记载，在一定程度上就达成了作者保存台湾文化的目的。在着力记载的同时，作者也对文化保存一事持有自己的态度，他认为应当保存文化的精华，剔除文化糟粕，并呼吁今之台湾人应当兼包并蓄，在继承传统的同时学习外来文化，以更好地发展台湾文化。

二、从《雅言》看连横的文学观

《雅言》中的多处探讨是漫谈式的，难以确定单一主旨。总体来看，涉及文学的部分约有60余条，其中又有近半数是以民间俗语、俚谚作为主要内容。通过60余条的文学讨论，我们可以管窥连横的文学观。大体上，这些篇目可分为两个方向——对于童话、儿歌、俚谚等通俗文学的讨论，以及对于诗歌、诗钟等严肃文学的讨论。

关于通俗文学与严肃文学之间界限的探究说法众多，分类方法也众口不一。在通常的认知里，通俗文学（亦即大众文学）与严肃文学（亦即纯文学、精英文学）为相对的两方，即前者追求故事性、娱乐性，满足人们潜意识的诉求；后者则追求在文学意义上思想内容、创作手法及语言表达的极致化。也有三分法，如杨春时在《文学概论》中所述，文学可分为体现审美超越作用的纯文学、体现现实作用的严肃文学及体现消遣娱乐作用的通俗文学[7]。这几个概念之间并不是界限分明的，它们本身就都具有自身的历史发展过程，随着历史的前进也可能发生相互转换，我们只能从历史横切面上进行大致的区分，在此不

试图在概念上划分泾渭。借用蔡翔的说法，纯文学是一个"移动的能指""一个叙事范畴"[8]，同样通俗文学也可以如此描述，那么在这里讨论的就只是在横切面下两个集合之中划分较为明晰的对象，体现在《雅言》中，就是俚谚、儿歌、童话等作为通俗文学的部分，这些文类多由口述传承，没有特定作者，在内容上符合潜意识所需，故"成为大众所嗜好，所喜悦的东西"[9]；而诗歌、诗钟等则属严肃文学的部分，这些文类在创作上属于杨荫深所谓的"文人文学"，文本创作除内容满足自我意识的要求外，在外部形式上也极尽个人之能事，也通常由学士大夫之间所交流品阅。

（一）论通俗文学

在中国古代，通俗文学虽然在创作量上为数不少，也有诸多文人投身于小说、戏曲、笑话等文学样式的创作行列之中，但总体来看，通俗文学一直不为士大夫阶层重视，也不能登大雅之堂，在正史中很难见到它们的影子。直至近代文学观念变革后，小说从"小道"走向"载道"，戏剧也被重新发现价值，通俗文学的地位得到了很大的提升。然而儿歌、童话、民讴等文学样式由于体裁本身便积弱，价值追求较少与意识及超意识相吻合，加之长久的历史传统影响，依旧位于文学评论的边缘，无法成为显学。20世纪30年代的台湾文化界，新文学运动发展得如火如荼，守着旧体文学的文儒仍坚守诗文阵地，文坛新将主要把注意力倾注于耕耘小说及新体诗，其余文学样式则无暇顾及。

在《雅言》中，体现出了连横的俗文学观。对于通俗文学，连横并不是将之作为一个整体，从本体论、创作论、接受论等方面来讨论，而是以浅显易懂的方式对拆分出的诸多文体进行了评析。书中涉及的有俚谚、番歌、褒歌、民讴、童话、儿歌、谜语、童谣和弹词，种类可谓多样。

书中涉及俚谚文学价值的篇目有逾30条，连横基本采取先列举、再释义或再加以评点的方式书写。据赖丽娟观察，《雅言》收录台湾俚谚内容包括禁忌、俗传、讽诫、气象、人生观、道德、赌博、风俗、不平之鸣、歧义殊见、不晓事理及歇后语式的俚谚等类别，从内容上见其涵类多方，可知连横的儒家人生哲学、时代感慨、胸襟识见及对当时社会现况的批判。[10]在第32条中，连横认为，俚言俗谚，闻之似鄙，而每函真理。古人谈论，每援用之。[11]在此后篇目里，连横除了借俚谚说理之外，还从几个方面来直述俚谚的价值。

首先，通过俚谚可以观察社会道德变迁，"他日有研究台湾道德之变化者，当就俚谚而求之。"[12]其次，通过俚谚可以考察民德与民智，"苟以俗谚而考之，可以觇民德之厚薄而民智之浅深也。"[13]再之，人们可以从俚谚看台湾风光物色，"悉采里言，复叶音韵，诚可谓本地之风光而艺苑之藻绘也。他日如刊单本，布之海内，亦可为台湾之特色。"[14]此外，亦可由俚谚反思既成的科学命题，如"'优胜劣败'之说，倡自达尔文；然世上之万事万物，优者未必胜、劣者未必败。何以知之？台人之言曰：'一枝草，一点露；隐龟兮双点露。'"[15]俚谚的广传非一日之功，是在世代更迭中被证实其合理性，继而流传下来。据研究，现代的谚语研究始于20世纪上半叶，由于谚语的丰富性，目前所止的研究仍远远不够。[16]连横在彼时能够通过报纸申明俚谚的重要性，做扩大俚谚传播、宣扬俚谚价值的工作，着实具有先导意义。

番歌、褒歌、民讴及童谣都属于民谣类，连横以纵的视野，观察当时在台湾流行的民谣，将其与古已有之的文学类型作对照。番歌的初祖可追溯至《吴越春秋》所载的《断竹歌》[17]；褒歌"为采茶男女唱和之辞，语多褒刺；曼声宛转，比兴言情，犹有'溱洧'之风焉"[18]；民讴"为一种风谣，所以刺时政之得失；《小雅》《巷伯》之诗，已启其端。"[19]童谣则"造句天然，不假修饰；而每函时事，诚不可解。《国语》之'檿弧箕箙，几亡周国'、《左传》之'龙尾属辰，虢公其奔'，尤其彰明较著者。"[20]

连横认为"童话虽小道，而启发儿童智识，其效较宏。"[21]这一观点还带有"文以载道"的实用主义文学传统的影子。值得注意的是，在强调童话的教育性之外，连横还注意到了童话的娱乐性："我台文学家当多作童话，采取自然科学及台湾故事而编之如《伊索寓言》，为儿童谈笑之助；且可以涵爱护乡土之心，亦蒙养之基也。"[22]于儿童文学在中国发展的初始时期，"儿童本位"的思想还没有得到大范围的认可，能够认识到童话在儿童成长过程中所具有的多重意义实属不易。在当时，童话、传说及寓言等尚未出现清晰的分流，故连横在第56条中所具之例还显杂混。如今，台湾儿童文学的创作与研究已较为蓬勃，优秀的原创童话也不断涌现，追溯起来，连横颇具开山之功。

《雅言》第80条所述，台南有一盲女，沿街卖唱弹词。又有人采拾台湾故事，编为歌辞。"今之文学家，如能将此盲词而扩充之，引导思潮、宣通民意，以普及大众；其于社会之教育，岂偶然哉！"[23]在这里，连横再次认识到通俗文学所具有的积极影响。通俗文学除满足群众消遣娱乐的需求外，也可以用浅显的方式传达正面的精神价值，起到人生教科书的作用。连横对通俗文学的主张，诚是"无论小说、戏剧或儿童文学，只要是台湾人写台湾事，必能发挥社会教育之功能，涵养爱护乡土之意志，宣通民意，鼓动思潮。"[24]

但连横并非对所有通俗文学一概而论，第84条就体现出他的文学价值观。针对当时台北流行的粗野歌谣，他深感悲哀，并疾呼"夫欲提倡乡土文学，必须发挥乡土之美善，而后可以日进。"[25]而若想将筛除通俗文学中的糟粕，就不得不从创作者入手进行改善，这种改善的作用远不止于净化文学风气，甚至于关乎到民族的发展前景，"台湾民族之衰落虽至如此，而前途一线之光明，尚有望于今日文学家之指导也。"[26]这说明连横深刻认识到了文学作为上层建筑对整个社会发展的重大影响。

（二）论严肃文学

在注目通俗文学的同时，连横又深知严肃文学、尤指诗学的价值。他也在《雅言》中用一定篇幅论述了自己对诗歌的见解。连横所处的时代，台湾文坛随着社会政治的变动，也处于新旧交替之际，旧的体式被呼吁革除，新的体式尚在建设之中。1924年的新旧文学论争中，连横站在旧文学的阵营，对新文学进行了批判，"今之学子，口未读六艺之书，目未接百家之论，耳未聆离骚乐府之音，而嚣嚣然曰，汉文可废，汉文可废……"[27]虽然这种保守的观点无法阻挡文学向前发展的潮流，但连横之言未尝无合理之处，新文学革命发展之初对旧文学的全盘否定是革命的极端性所造成的，但在后续发展中文学需要获得常态时，辩证的眼光就必然被提到对抗之前，文学传统的财富也必然得到继承。

《雅言》第85条中，连横对台湾诗学的整体发展做了一个大略的回顾，列举出在台湾诗歌发展史上值得注目的诗人及其作品，如"台人士之能诗者，若黄佺之《草庐诗草》、陈辉之《旭初诗集》、章甫之《半嵩集》、林占梅之《琴馀草》、陈肇兴之《陶村诗稿》、郑用锡之《北郭园集》，或存或不存、或传或不传，非其诗有巧拙，而后人之贤、不肖也。"[28]连横所编纂的《台湾诗乘》就是一部台湾诗学的发展史，通过他的自述——"20年来，余既刊行《台湾通史》以保文献，又撰《台湾诗乘》以存文学；余之效忠桑梓亦已勤矣，而犹不敢自息。一息尚存，此志不泯。余将再竭其绵力，网罗放失，缀辑成书，以扬台湾之文化"[29]，可见连横竭力保存台湾旧体诗的目的仍是发扬台湾文化。

在诗歌的创作论上，连横首先认为，台湾诗人应当以台湾为创作对象，鼓励他们学习孙湘南、范九池等诗人，以台湾风光入诗。并感叹"今之作者何不著意于此，而乃作此毫无关系之题目！台湾诗人虽多，而真能为台湾作诗者，有几人哉！"[30]当时台湾各地盛行击钵吟，这也是连横的抨击对象。击钵吟常用于消遣作乐，现实意义不强，而连横通过提倡为台湾而写，就是希望能够少些空有其表的吟唱，多些真情实感的颂扬。除台湾风光外，连横还赞同描写底层人民的实际生活。他举李华的《草地人》为例，认为此诗可称是草地人的真实写照，并感叹"今之佃农，其景象又何如也"[31]，表现了他对穷苦佃农的关怀。此外，在使用诗歌语言时，连横认为作诗应当使用台湾方言。他举唐人、宋人以当时方言入诗为例，认为台湾方言中的"骑秋""禅雨""海吼"等词汇皆是隽语，台湾诗人"当有取而用之者。"[32]

除诗歌外，连横在《雅言》中还记录了14种诗钟的体例。第93条中，他总起"诗钟虽小道，而造句炼字、运典构思，非读书十年者不能知其三昧"[33]，对诗钟的起源略作说明，详细列举了他所收集到的14种诗钟：一曰"嵌字"，二曰"魁斗"，三曰"蝉联"，四曰"鹭拳"，五曰"八叉"，六曰"分咏"，七曰"笼纱"，八曰"晦明"，九曰"合咏"，十曰"鼎足"，十一曰"碎锦"，十二曰"流水"，十三曰"双钩"，十四曰"睡蛛"[34]。诗钟虽与击钵吟同为一种文人之间的文字游戏，但在遣词及构思上乃精心为之，不同于后者的随手拈来，应当得到重视与传承。连横在《雅言》中表露出的鲜明的褒贬态度，证明相较文学的形式，他更看重文学的内容。而他对诗歌及诗钟创作的观点，也"显示台湾宿儒想以诗歌表达社会变动、对时势的关怀以及知识分子面临政治压迫的心声。"[35]

三、连横文学观之当代价值

文学发展到今天，宽松的环境与民众的高接受度使各类文学体裁都竞相盛放，但连横在《雅言》中阐述的文学观依然对今日文学的成长有着借鉴作用。诚然，经过一个世纪的变迁，小说已经成为一种主流体裁，无论在娱乐、审美还是现实层面上都扮演着重要的角色。但相照之下，其他通俗文学体裁得到的重视依然略显欠缺。连横用较大的篇幅论述通俗文学，不仅开其时代之先，将通俗文学与严肃文学并举，也提醒着如今的文字工作者，重视对通俗文学的发掘与整理。通俗文学不仅历史悠远，蕴含深厚的社会道德内涵，也是来自民间、广受喜爱的文学样式。鼓励传承与发展通俗文学，与当今我们对于"人民的文艺"的提倡是方向一致的。

在《雅言》全篇临近收尾处，连横感叹道：

> 文学革命，闻之已久，至今尚无影响。夫革命者在内容不在外观，则精神而不在形式也。台湾今日文学之衰落，识者皆知其然，而不知其所以然。其所以然者，则不好读书之敝也。夫不好读书，则不知世界之大势、不稳社会之进化、不

明人生之真义；浑浑噩噩，了无生趣，而文学且熄矣。旧者将死、新者未生，吾辈当此青黄不接之时，尤当竭力灌输，栽培爱护，以孕璀璨之花。台湾今日之环境，万事万物皆不如人；而此纵横无尽之文学，乃亦不能挺秀争奇为世人所赏识，宁不可耻！[36]

对文学革命的认知、对读书之用的肯定，直至今日，这番慨叹依旧具有警世的价值。作为一个旧文化的"守护者"，连横没有随时代的浪潮站到新文学的一岸，对于旧体诗也非一概而论地支持，而是赞其精华，批评类似击钵吟等不顾家国危机，一味风花雪月的文体。"五四"过后，旧体诗的地位骤然降低，但百年过后，旧体诗的审美属性与价值又重新被大众所认可，而今从事旧体诗创作者不在少数。可见连横当年在旧体诗保护及推广方面的远见卓识，他对于旧体诗的见解亦是历久弥新的，方言入诗、为民作诗等观点直至今日仍可引以为鉴。

跨过新旧文学之争后，台湾文学论争的焦点转移到了"乡土文学"的议题上。有的作家反对乡土文学，认为注目于脚下的乡土是目光狭隘的表现；有的作家虽倡导乡土文学，却实则没能发掘乡土文学真正的内涵，反而使其僵化。连横举起乡土文学的旗帜，并批判冠以"乡土"却内容空洞的伪作，在形式上认同使用台湾方言，内容上则扩展视野，认为谈乡土文学者应当"就其地之山川人物、礼俗、民谣编成乡土志，以保存一方之文化"，"舍此不为，仅谈文学，是犹南辕而北辙也"[37]。今日的全球化背景下，文学创作愈发需要保持自身特色。一方面，作为文化大国，参与到世界文学的合唱中，我们应当发扬自身独特性，在形式上注意方言使用，内容上注目本土；另一方面，"乡土文学"不等于文学的"地方主义"，不能作徒有虚表的唱和，写连横所谓的"伪作"，应由真切的热爱而深入乡土，继而由个性彰显共性。

连横在《雅言》中多次表露他维护、发扬台湾文化的决心，"余，台湾人也；既知其难，而不敢以为难。"[38]在种种论争的浪潮之下，他秉持此决心，编纂、创作出一部部皇皇巨著，在文坛留下不朽的光辉。连横作为台湾日据时代学界的先行者，终其一生关注着祖国的政局发展，为保存和发扬台湾文化鞠躬尽瘁，正是其诗句"执戈齐敌忾，报国有书生。一死身何惜，三年血尚赤。"[39]的真实写照。《雅言》一书的内容包罗万象，无论是连横的个人精神还是台湾的人情风物，都非常具有研究价值，值得挖掘。汪毅夫曾评价，"对大陆的文化认同与对异族的文化反抗，对台湾文化的历史负责，也对台湾文化的未来负责，这是连横在《雅言》一书中充分表现出来的一个爱国学者的良知。"[40]这也可以作为对连横一生宏富著作的总览。

参考文献

[1] 孙风华，《章太炎、连横民族文化思想之比较》，北京：九州出版社，2013年，第8-9页。

[2][4][5][6][11][12][13][14][15][17][18][19][20][21][22][23][25][26][28][29][30][31][32][33][34][36][37][38] 连横：《雅言》，《台湾文献丛刊》，台北：中华书局，1963年，第1，38，128，13，15，18，47，115，5，24，27，25，36，38，39，40，41，42，43，115页。

[3] 连横：《台湾语典》，《台湾文献丛刊》，台北：中华书局，1963年，第2页。

[7] 杨春时等：《文学概论》，北京：人民文学出版社，2002年，第84页。

［8］　　蔡翔：《何谓文学本身》，《当代作家评论》，2002 年第 6 期。

［9］　　郑振铎：《中国俗文学史》，北京：东方出版社，1996 年，第 1 页。

［10］　赖丽娟：《〈雅言〉之台湾俚谚探析》，立德学报，2004 年 6 月。

［16］　陈成：《谚语研究综述》，《现代语文》（语言研究版），2013 年第 10 期。

［24］　宋鼎宗：《连雅堂的台湾文学观》，育达研究丛刊，2003 年第 05/06 期。

［27］　刘登翰，《台湾文学史》第一卷，北京：现代教育出版社，2007 年，第 23 页。

［35］　黄美玲：《连雅堂文学研究》，北京：文津出版社，2000 年，第 125 页。

［39］　连横：《剑花室诗集》，《台湾文献丛刊》，台北：中华书局，1963 年，第 103 页。

［40］　汪毅夫：《〈雅言〉与台湾文化》，《连横学术思想暨学术成就研讨会论文选》，1994 年。

两岸关系家谱资料数据库建设的构想[*]

谢必震[1]

家谱又称族谱、宗谱、世谱、家乘、谱牒等，其种类则有统谱（联谱、总谱）、支谱、房谱、祠谱，等等。家谱是中国几千年宗法社会的特有产物，旨在奠世系，辨昭穆，并通过记载祖辈的功德，撰立宗族的族规，敬宗睦族，厘清支派，维系宗族制度，巩固宗族团结，扩大宗族活动，宣扬宗族伦理。

从现有中国族谱整理与研究的成果上看，主要有三个方面：一是对中国族谱的源流、编纂体例与功能、史料价值、现实意义、研究概况等方面的系统阐述与研究；二是对族谱的史料搜集、编纂专题书目等基础性的文献整理工作；三是对福建涉台族谱的研究与整理汇编出版工作。诸此成果，虽然已颇称丰富、全面、系统，但始终还没出现两岸关系族谱专题全面而系统的整理与研究成果。有鉴于此，本选题拟对两岸关系家谱资料进行全面系统搜集、整理与研究，并在此基础上建成反映两岸关系的家谱资料数据库，以飨读者。

一

本课题研究具有以下学术价值、应用价值和社会意义：

其一，全面检索至今海内外公开出版或内部出版的公私族谱目录及其相关网站及资料库，并依据这些相关目录资料以及课题组成员所知见的民间零星收藏，全面系统地普查、统计两岸关系族谱的存世情况。根据检索、普查、统计之所得，制订著录规则，建成《两岸关系族谱总目录》书目数据库；根据《两岸关系族谱总目录》所著录，全面收集两岸关系族谱，扫描原始文献，并将所有扫描件转变为 PDF 格式的文件，汇为《两岸关系族谱集成》数据库。对收入《两岸关系族谱集成》的所有原始文献，对原始文献的题名、责任者、出版年代、出处、谱籍地、堂号、始迁祖等关键词的字段，进行元数据的标引，实现网上多途径、全方位的检索。

其二，基于《两岸关系族谱集成》珍贵而全面的原始文献资料，主要围绕闽台族谱与闽台区域社会变迁的关系，展开进一步的深入研究，突出族谱这一民间基础文献的史料价值，为闽台社会史研究提供重要的资料和考察视角。尤其是对族谱中反映闽台社会方方面面的内容进行整理、分类和爬梳，拟定相应的各个专题，突出现存闽台族谱的特色，再结合其他各类官私史料，对这些族谱资料进行充分的解读和考证，主要从族谱与闽台宗族社

* 基金项目：国家社科基金重大项目《两岸关系族谱资料数据库建设》（项目编号：17ZDA214）。
1 作者简介：谢必震，福建闽清人，历史学博士，现为福建师范大学闽台区域研究中心主任、教授、博士生导师；两岸关系和平发展协同创新中心文教平台主任。

会的秩序建构、闽台族谱看闽台地区的家庭教育、闽台族谱与中国社会经济史研究、族谱编纂与闽台民间信仰的发展格局、族谱编纂与闽台社会的家国共构模式等方面，充分揭示本子课题研究的学术价值和社会实践意义。

其三，本选题从数据库的建设与应用技术上，以 B/S 架构、大数据分布式文件系统等为技术路线，运用大数据技术，挖掘姓氏谱牒数据资源，建成一个先进可扩展、标准开放化和可持续运行的谱牒交流平台。通过数据库平台的技术设计和服务模式，提高应用效果，用户的体验和信息资料提交，均可通过数据采集与加工系统的功能设计，实现数据资源采集扩充智能化。从功能上达到在两岸民间交流中，能够更好地发挥两岸宗亲组织作用，实现一键寻根、在线查谱、修谱，通过线上线下互动，联谊吸引更多的台湾宗亲积极参与，通过数据库的创新体验设计，吸引台湾年青一代的关注，体验"两岸一家亲"的理念。

总而言之，通过本选题的研究，可以从两岸关系族谱资料的层面与视角，来进一步印证台湾自古以来与大陆一以贯之的血源与文脉，不论是几百年前跨越海峡到台湾"讨生活"的先民，还是几十年前迁徙到台湾的民众，广大台湾同胞都是祖国的骨肉天亲，海峡两岸是"打断骨头连着筋"的同胞兄弟。台湾与祖国大陆密不可分的历史文化联系，是对"文化台独"逆流的强有力驳斥。台湾是中国神圣领土不可分割的一部分，海峡两岸是不可分割的命运共同体，而历经五千年生生不息的中华文明，是两岸同胞共同拥有的文化瑰宝，也是两岸同胞的情感共鸣和精神纽带。让中华传统优秀文化珍藏在两岸同胞内心深处，厚植两岸同胞的"根"和"魂"，密切精神纽带，促进心灵契合，传承好两岸中华儿女共同的血脉基因和文化特质，谱写中华文化自信和民族自信的新篇章。因此，本课题具有特别重大的应用价值和社会意义。

二

本课题的总体问题乃是建成一个资料完备、使用便捷且具有重大学术价值和现实意义的两岸族谱资料大型综合数据库。研究对象为两岸族谱纸质文献资料物件，以及在对族谱图文进行数字化工作基础上建构起来的大型文献数据库。主要内容包含三个方面：

（1）对两岸各姓氏宗牒族谱进行更为全面系统的搜集和整理，力图能够全面而客观呈现两岸各姓各宗的历史源流和纽带关系，并对这些数量众多的族谱文献进行分类、编排和校对，将它们转换为建设数据库的基础资料和数字化母版；

（2）将收集到的海峡两岸族谱特别是闽台两地各姓氏宗亲的族谱纸质文献资源进行数字化加工处理和编辑，构建两岸民众最完整的族谱数据库，使之成为读者们检索各自家族相关的文字、图像等资料的常用工具，方便检索者了解家族历史文化与从事有关研究等各项用途；

（3）在搜集整理两岸族谱及建设数据库的同时，对闽台族谱及其反映的闽台社会变迁问题（两岸族谱绝大多数存世于福建与台湾两地，反映的是闽台两岸社会关系的内涵）进行科学研究，突出闽台关系与两岸关系的内在关联性，将族谱数据库建设工作建立在科学严谨的学术研究基础上，同时为当代社会和谐运转与两岸关系融合发展提供一些有益的资鉴和启示作用。

本课题的总体研究框架是建构在"两岸族谱文献搜集、整理、编排、录入与校对"

"两岸族谱文献资料数字化与综合数据库建设"及"两岸（闽台）族谱与两岸（闽台）社会研究"三大层面之基础上，设立五个子课题开展具体的整体研究工作。五个子课题分别是：① 福建涉台族谱资料收集与整理；② 台湾地区族谱资料收集与整理；③ 大陆其他地区涉台族谱资料收集与整理；④ 两岸族谱资料数据库的设计及其应用；⑤ 闽台族谱与闽台社会变迁研究。

本课题最终预期目标为，在海内外广泛搜集各种关涉两岸关系的族谱文献资料，整理编目、排版校勘，进行数字化处理与整合，最终完成"两岸族谱资料数据库"的建设。该数据库将以独立门户网站的形式，通过互联网向全球高等院校、图书馆和学术机构开放使用（经注册审核批准方可生效），预期在 PC 用户（电脑端）、手机客户端、云端等多种媒体实现数字化交互，真正达到全球学者共享和使用"两岸族谱资料数据库"学术资源的目的，践行资料数据开放共享的理念。

数据库建成后，可以预见，在学术思想理论方面，将对海内外学界关于两岸族谱研究达到一个新的高度。不仅将大大推进两岸家族史和家谱文献之研究，且有助于两岸文化与两岸关系研究诸多领域的发展。如对两岸百家姓文化的深入研究；两岸族谱所呈现的多元内涵研究；中华传统文化在两岸的传承与发展之比较研究；两岸家族族群与中国历史乃至世界史的互动；等等。这些都将有助于推动两岸关系与两岸文化发展在微观和宏观领域的拓宽拓深。

资料文献发现利用或实践运用方面，本课题力求做到对目前海内外存世的两岸族谱（主要是涉及两岸尤其是闽台姓氏家族渊源关系）进行迄今最全面的搜集。目前，已经完成对福建和台湾 202 个姓氏 12 000 余种，150 000 多册，近 200 万幅图片的搜集，另有完成对大陆其他 17 个省 131 个姓氏、432 部涉台族谱的搜集；同时，本课题还将继续对海内外尤其是国外相关机构的涉台两岸族谱进行搜集。相信通过这一轮系统搜集和整理，能够对海内外两岸相关联的族谱做到最为全面、权威的掌握。在此基础上，将文献数字化，建设成为完整、准确、便捷的两岸族谱资料数据库，供广大读者查检、阅读和研究所用。

最后，在服务决策方面，本课题的完成不仅能够对海峡两岸（特别是闽台两地）民众寻根访祖，查阅家庭、家族和宗族姓氏源流及发展演变提供数据资料检索的方便，使每个人都能从中查找有关两岸姓氏家族的情况。更为重要的是，两岸族谱资料数据库的建设，对于两岸民众中华文化的传承与认同，遏制和打击当前日益猖獗的"文化台独"势力，为维护两岸关系和平发展提供智力支持和传媒技术保障。

三

本课题研究视角立足于：① 基础工作是对海内外两岸族谱文献做广泛全面搜集，并将之数字化为元数据；② 核心工作是由图书馆数据库研发与创新中心负责通过计算机软件与编程工具设计、建成"两岸族谱资料数据库"，并将之应用于资料库检索系统和读者使用交互系统，最终面向社会大众开放使用。③ 特色工作是立足闽台区域社会，通过闽台族谱深耕爬梳，从族谱资料来看闽台社会文化表现形态与社会变迁等问题，以期对台湾史研究、两岸关系史研究等领域有所助益，特别是对当前气焰正盛的"文化台独"行为给予抨击和遏制，为维护两岸关系和平发展大局及两岸民众文化认同、心灵契合工作献力献策。

本课题总体研究路径框架图如图1所示。

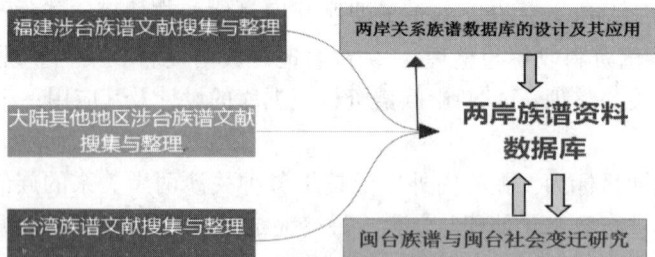

图 1　两岸族谱资料研究框架

　　课题最终目标是建成迄今最为全面、科学和权威的"两岸族谱资料数据库"，构建数字化数据库及其应用是本课题重点和核心工作。根据图书情报学、计算机科学和软件开发技术等技术工程类学科特点，按照国家图书馆制订的《地方文献数据标引规范》，需对每件族谱进行元数据加工，著录项目包括姓氏、地名、族谱名称、册数、编者、编印年代、版别、散居地、始祖以及备考等。这其中需要解决的核心技术包括：数据资源的采集软件开发、数据处理、搜索引擎技术、分词库、古籍文件的 OCR 识别和定位制标等技术。从数据规范角度看是将外部采集的非结构化数据进行元数据规范，将非结构化数据加工为结构化或半结构化数据，将结构化数据重新聚类或分类规范体系。内部的各种信息资源皆可以通过数据采集与加工系统进行数据加工处理工作，特点是智能化、界面化，达到非专业技术人员可操作可维护的要求。也即"两岸族谱资料数据库"最终面向用户大众的呈现形态。

　　本课题立足于历史学、文献学、图书情报学、计算机科学和软件工程科学等交叉学科的特点及其各学科自身的研究方法，在具体研究手段上，基于总课题的总任务与总目标，每个子课题都围绕其各自的资料收集与整理、重点研究的专题，数据库的设计与应用调适；力图达到竭泽而渔、细心考订、解读辨析、探赜索隐、核校排录、开发软件。同时，坚持以马克思唯物辩证法和唯物史观为准绳，做到理论与实际结合，通过两岸族谱文献资料深化历史研究，再达致从历史到现实的思辨，与从现实到历史的参鉴。既可为学术界和社会大众提供全面系统、可征信的相关研究史料，又展示了新的探索路向与研究成果。

　　本数据库平台设计与建设有三项基本要求：

　　其一是建设"机构""人物""文献"三个专题数据库。根据专题库建设的需要，按照设定的聚类和分类模式任意提取数据，自由构建任意定义下的专题数据库。

　　其二是建立从信息资源采集、过滤、入库到应用的数据资源管理系统和工作流程。重点解决数据采集与智能提取问题，在解析不同类型信息资源的特征及信息源基础上进行智能采集和预处理。

　　其三是通过搜索引擎和数据统计模块，分析信息资源的结构与关联提取，实现数据的可视化展现。

　　数据库平台示意图见图2。

　　数据库除了具备全文检索、浏览、下载等功能外，还设姓氏源流族群分布可视化、世系可视化、统计分析、在线修谱、输名寻祖、族群社交、多媒体体验等方面的功能。数据

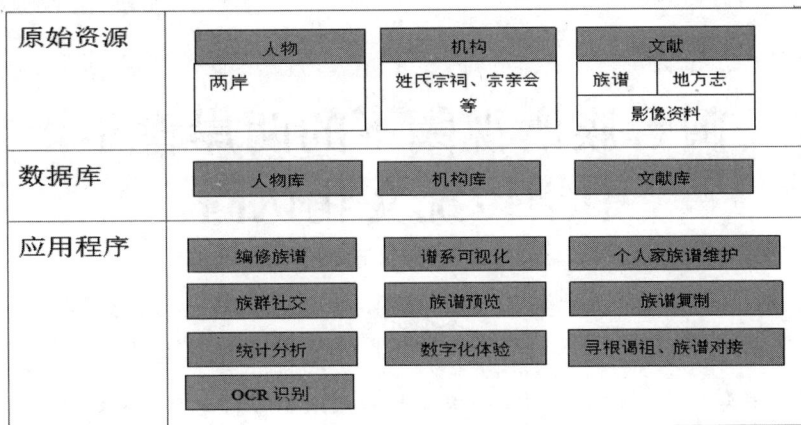

图 2　数据库平台示意图

库建成之后，不仅适合各种社会需求，同时也便于操作。

此外，数据库平台还将通过 VR 技术将闽台姓氏宗亲同属一脉的历史事实进行生动的表述，让台湾同胞特别是年轻一代接受认同闽台姓氏关系，增进两岸基层同胞的交流和理解。以"家"为主题，将各族群百姓对"家"的感情以及"家"对每个人的重要性进行阐述，从而引入不同姓氏源流和迁徙，将每个姓氏的"文化基因"传承与弘扬通过不同的故事演绎，无论寻根问祖，祭祀仪式，家谱编修，重建宗祠都是为同一目的，让子孙后代知道"家"从哪里来，延续祖先的智慧与文化。

VR 互动体验分以三个部分：其一为姓氏源流 VR 体验，将各姓氏聚居地航拍配以姓氏源流介绍；其二为宗祠 VR 体验，采集各姓氏宗祠建筑结构并 VR 技术处理，身临其境感受宗祠结构、历史变迁，通过宗祠祭祀活动和家谱翻阅互动体验，了解家族文化，通过家族名人故事演绎和家庭代表采访，感悟"家"的幸福；其三为民俗活动体验，每个族群或地域都会有独特的民俗活动，台湾宗亲带去不只是血脉，也带去了割舍不断的"文化基因"和"乡愁"，通过民俗活动的 VR 体验，表现两岸如出一辙的文化内涵。

四、结语

综上所述，两岸关系家谱资料数据库建设，就是要建成综合性的两岸族谱研究文献数据库，体现数据库的集成性，既是两岸族谱史料和实证研究的集大成，也是新史料和新成果的集大成。本数据库融合多种类型数据资源，要求特色突出、内容丰富、覆盖面广和形式多样，将族谱史料整合与存储、检索、校核、扩展和信息转化、数理统计、量化分析、制图绘表、动态演示等多样化结合。突出学术信息服务职能，发挥教育职能，兼顾社会服务职能，满足不同层次用户多元化的信息需求，使其成为全方位、多层次、开放式的信息集成系统，集信息采集、校核、利用一体的公共交流平台，使学术研究、学术创新和学术服务有机地结合起来。这样就能使两岸族谱资料数据库在促进两岸共享族谱史料，两岸同修族谱史书中起重要的作用。我们坚信：当我们的课题完成之日，势必是台湾被歪曲的历史拨乱反正之日，势必给"台独"分裂势力一个毁灭性的打击。

99

闽台族谱视阈下的两岸青年
中华传统文化认同[*]

吴巍巍[1]

【摘要】 青年交流工作事关两岸关系发展的未来趋势和走向，做好两岸青年的相互沟通与情感传递是当前两岸事务的一项当务之急。如何做好两岸青年的交流交往工作，学者们已提出诸多具体对策。本文认为，可以以两岸宗亲文化的精神基础——族谱对接与展示工作为契机，在强化和传承中华传统文化的框架下，利用现代传媒技术创新性手段，如建构两岸关系族谱数据库、族谱实物或虚拟展示馆、族谱（数字）博物馆等，增进两岸青年对传统家庭、家族概念和内涵的理解，树立探溯"根源"文化的意识，在潜意识中巩固自身的中华传统文化观念和思想，最终达致两岸青年的精神相通和心灵的契合。

【关键词】 闽台 族谱 两岸 青年 传统文化 认同

当前，两岸关系遭遇极大挑战，"文化台独"活动出现不断升温的趋势。"反课纲微调事件""天然独群体""去蒋化""去中国化"等现象反映了当下台湾社会，尤其是青年群体在思想文化层面根深蒂固的"台独"意识和躁动的心态。面对两岸关系所面临的这些严峻形势、新问题和困局，如何找到较好的应对之策，即如何遏制当前"文化台独"的潜流暗涌，是关心台湾问题、热爱祖国和平统一进程与维护两岸关系和平发展的人们积极思考的主题。本文认为，中华传统文化是维系两岸关系和平发展与推进两岸社会深度融合发展的基础性黏合剂。新形势下，维护两岸关系朝正确方向良性发展，最终还得依赖中华文化这一根本性的精神力量。作为两岸关系稳步传承最直接的载体，是那些大量流传于两岸宗亲家族中的族谱，尤其是反映闽台血缘关系的同宗姓族谱。做好闽台族谱对接、展示与文化创新工作，是当前推进两岸青年文化交流与认同，尤其是台湾青年体认中华传统文化的必要途径。

一、闽台族谱与两岸历史文化关系透视

闽台族谱是记载闽台地区一个个姓氏家族传承与变迁的基本文献。它们体例完备，凡姓氏源流、堂号、世系表、家训、家传、先辈艺文著述、祖先图赞、风水图等，无不历历在目，且富含闽台民间特色。分开来看，是一个个家族、每一个个人的拓荒史、发展史，

* 基金项目：本文为国家社科基金重大项目《两岸关系族谱资料数据库建设》（编号：17ZDA214）的阶段性成果。

1 作者简介：吴巍巍，男，历史学博士，两岸协创中心福建师范大学闽台区域研究中心研究员。

合起来看，则是浩浩荡荡的华夏文明之传承。有的族谱亦详述了历史上知名的大事件，让我们看到了这些事件对普通百姓的深刻影响，而不只是历史书上一段平板的叙述①。可以说，从数量庞大的闽台族谱中，反映的是闽台社会历史与文化发展变迁的时代过程及民俗面貌，有助于我们更好地从整体上认识闽台社会的传承与演变。

族谱的内涵反映了闽台社会文化关系及闽台文化传承、发展与演变的时代进程，具体来看包含以下几个方面：

（一）移民与闽台族谱的流传

闽台地区乃移民社会不断形成的过程，在移民自中原迁徙至福建、再由福建迁徙至台湾的历史发展进程中，族谱的编撰与传承是维系闽台宗族社会的重要纽带。明清以来，大陆沿海的福建居民不断向台湾移民，中华文化也随着大陆福建移民的进入而迅速在台湾地区得以传播扎根，大量有关记述这一历史进程的文献资料，是中华文化在台湾区域传播拓展的强有力见证，其中族谱即是这些民间文献的典型代表性者。研究族谱的内容，较为基础的一环即对移民的过程及闽台地区各姓氏、家族、宗族和聚落的生成、开拓、播迁与繁衍的历史进行考察和阐析，由此来看闽台移民社会特定的文化特征。可以说，一部族谱形成的历史，就是一个个姓氏、一个个家族、一个个宗族村社和聚落不断叠合、形塑和变迁的历史。这其中反映了闽台社会人的活动及其与历史、与空间的关系。

（二）闽台族谱与闽台宗族社会的秩序建构

大量的闽台族谱，将闽台民间社会联结为一道道牢不可破的利益共同体，形成了闽台地区蔚为可观的宗族社会的统治秩序。族谱不仅是家族教育的垂范工具书，也是维护基层社会稳定的润滑剂。因为闽台族谱大都提倡维护宗族内部的和睦及与统治阶级的良好关系，是基层社会稳定的重要统治方式之一。闽台社会乃移民社会，族谱也反映了福建和台湾乡村聚落形成过程中，移民在其中胼手胝足、筚路蓝缕的艰辛，反映了台湾如何从移民社会向定居家庭、宗亲社会转型的过程。同时，通过族谱内容也可反映出福建和台湾宗族社会秩序建构的过程及其传承演变的轨迹，是考察东南地区和中国基层社会家庭演变史和区域发展史的关键性窗口。

（三）从族谱看闽台地区政治发展史

政治是人的活动，闽台地区各宗族姓氏皆产生过不少重要影响力的政治人物。在族谱中，对这些家族名人和政治人才都有着非常详细的记载和介绍。通过这些记述，可以对历史上闽台地区重要家族的重要人物生平活动事迹、家族人际关系网络等进行梳理和透视，并对这些政治任务的政治生涯与活动做考察。同时，族谱所反映的宗族社会秩序建构与国家统治互动关系，也是当前社会史和政治史研究中重要内涵，通过族谱等基础资料的记载，可以探讨国家与民间社会的深层关系。

---

① 陈支平：《闽南涉台族谱汇编》，福州：福建人民出版社，2014年，"序"。

（四）从族谱看闽台民间社会经济形态

族谱中蕴含记录家族族产、林田水利和财富分配等经济方面的内容，历来是中国社会经济史研究赖以开展的基础性史料。族产是家族经济实力的一种重要体现，明清时期闽台地区许多家族通过工商业活动等筹措家族活动经费，增值家族财产。宗族势力的发展壮大体现在对外贸易活动中，家族乡族的势力不仅以地方力量出面，也以行会、帮会等形式冲破政府禁令，支持本族本地商民参与世界市场的角逐。族谱中所反映的这些经济活动事象，与当时的时空发展息息相关，与当地商品经济扩张有着密切的关系。另外，族谱翔实的记载，也提供了观察宗族经济组织在社会历史文化发展层面的视角。在东南地区，家族从田土婚姻、商船买卖，以至催征粮饷等方面，都有详细的规定。族权成为政权的补充工具。东南地域的宗族势力为确保自然经济的存在和农业社会秩序的延续，对宗族生产作业、商业活动都有比较详细的规范和实践标准，可以说，宗族势力渗透到各经济领域，支持或制约着各类经济活动的发展。这是我们考察闽台地区社会经济形态的重要内涵。

（五）闽台族谱与闽台家庭教育

族谱是维系家风族范的重要工具，闽台各姓家族族谱都有自己的家训和族范，以此作为家族教育和家庭亲族伦理的重要宣传手段。出于国家对基层社会统治的需要，统治阶级和知识分子越来越注意宣传孝悌、亲亲、敦宗睦族等传统观念以加强对社会的有效控制，注意到利用封建的"家法"来约束人民的行为，从而达到维护社会统治的目的。而作为社会最小细胞单位的家庭，也贯穿着封建伦理纲常思想等家庭教育的内容。作为维系社会稳定的润滑剂，闽台姓氏宗族也注意与国家层面的配合，在家族宗谱中大量灌输忠孝仁义礼智信等伦理思想。通过闽台族谱可以反映闽台社会基层单位家庭教育实施的情况，以及国家层面儒学教育民间化的程度。

（六）闽台族谱与闽台社会民俗及民间信仰

日常的民俗习惯和宗教信仰是维系家族内部结构稳定的重要力量，在闽台地区的各姓家族和宗族，都有崇奉的民间神祇和赖以维系家族精神纽带及宗族团结的礼法仪轨。例如，宗族的祭祀祖先活动，使得家族成员被团结到同一套价值体系之中。为适应宗族教育的需要，东南民间形成了丰富多彩的地方戏曲和迎神赛会，这是闽台社会民俗的最直接的一般表现形态。闽台地区神灵繁多，这与各姓家族的建设也有密切关系。神灵也成为确立家族社会地位和凝聚族人的重要指标。有时候一个家族树立有多个神灵，既包括祖先崇拜、也包括对地方有功勋的名臣等。他们或有功于家族，或有益于国家，或称为仁义忠信的象征。这些神灵演化为家族的精神纽带，演化为家族的旗帜，并为族谱所大力宣扬和提倡，成为闽台各姓家族传承与发展的重要精神力量。

总之，大量有关记述福建移民和拓垦台湾这一历史事实的民间族谱文献资料，其社会价值和学术价值，就显得尤其珍贵。民间族谱所保存的大量历史资料，真实反映了福建与台湾海峡两岸源远流长的血缘关系和社会文化渊源①。

二、闽台族谱桥接活动与青年一代宗亲观念建构

闽台两岸以姓氏为中心的家族、宗族文化是中华文化的重要组成部分。在现今台湾2 300万同胞中约80%祖籍地是福建。以"血缘"与"地缘"相结合宗族与宗祠为纽带的"聚族而居"成为闽台地域乡村社会组织结构重要特征,台湾乡村社会具有很强的宗族感、家乡感,"重亲情、重家族、重情义"成为闽台乡村社会最具感召力和凝聚力的元素、重要纽带与标识。"一本姓氏宗谱、一座祖墓、一栋祖祠"都成为闽台宗亲的共同记忆。

闽台乡村社会"聚族而居""宗族观念强""祖先崇拜"向来以"家族本位"著称,"血缘"与"地缘"相结合的"根"文化宗亲社团遍布城乡,"血缘""根脉"关系成为对台最核心、不可替代的资源。

基于"向南移,向下沉"的对台工作方针,基于当前台湾乡村社会,"宗亲在祖宗面前没有蓝绿统独之分",通过闽台家谱的桥接对谱工作及宗亲交流平台建设,加强闽台宗族、族姓宗亲层面的交流,要做好台湾中下层民众工作,有利于宗族文化"降低歧异、消除隔阂"方面的功能和作用,从增强闽台共同"血脉相连"优势入手,加强宗亲交流,扩大台湾宗亲参与内地宗亲事务活动,扩大其参与内地宗亲的"宗族活动",巩固闽台一家亲,进而促进认同。

闽台家谱的桥接、对谱工作,乃以宗亲交流平台、以血脉为纽带的"宗族文化"最具生命力和凝聚力、感召力的文化交流活动,可以运用民间"宗亲"力量做台湾中下层民众(宗亲)工作,是增进台胞亲情、乡情和民族情最有效的途径,是做好台湾中下层民众工作的重要平台与切入点。

基于台湾乡村社会各姓氏宗亲会"凝聚力强,充满活力";基于台湾乡村常常呈现"不问是非,只问亲情(宗亲、乡亲)",在各类型选举中宗亲成为各党派竞相争取的对象,也成为左右台湾地方政治生活的重要力量;基于做好台湾"中下层、中南部、中小企业"工作的需求,在开展对台文化交流,除了要重视精英层面,应从增强"血脉相连"草根性文化交流入手,加强宗族(宗亲)草根文化交流,化"根脉关系"优势为对台交流合作优势,发挥民间力量做好台湾中下层尤其是青年一代的文化认同工作。

青年一代是未来两岸关系的主体性角色,对两岸关系的发展趋势将产生深刻的影响。深受西方自由主义和享乐主义影响的两岸青年,其实都共同面临如何更好地认识、传承与发扬传统文化的问题。过去,两岸族谱对接工作已经不断开展,并取得诸多成效。如2009年7月17日,参加"第四届两岸青年联欢节·海峡西岸漳州行"的台湾青年参观了闽台族谱对接馆和探访国民党荣誉主席连战家乡(龙海市马崎村),台湾青年踏上寻根之旅。在参观"根在海这边"闽台族谱对接馆时,台湾学生在历史上迁台漳籍百家姓上找到了自己的姓氏②。2009年11月,漳州市率先开通了"漳台族谱对接网",以"两岸同根,漳台一家"

---

① 陈支平:《闽台族谱汇刊》,桂林:广西师范大学出版社,2009年,"编者说明"。
② "第四届两岸青年联欢节 参观闽台族谱对接馆",中国共青团网:http://www.ccyl.org.cn/zhuanti/laqn/pic/200907/t20090721_271365.htm

为主题，多层面地展现漳州与台湾不可分离的血脉情缘，为两岸同胞联宗对谱、寻根谒祖提供了较为便捷的服务平台①。2010 年 5 月 9 日，由福建省考古博物馆学会、福建省闽台交流协会、台湾台南各省市同乡会联袂主办的"闽台宗亲交流暨姓氏族谱展"在台南市吴园正式拉开帷幕。参加此次宗亲交流的闽台两地宗亲代表 400 余人，其中台湾宗亲约 200 人，来自台北、台南、新竹、彰化、南投、台中、苗栗、鹿港、嘉义等地②，其中也不乏年轻人的身影。2011 年 10 月 13 日，整合各种族谱资源、可方便台胞"寻根"的《漳州与台湾族谱对接指南》在福建漳州举行首发式。全书分为七部分，详细介绍了漳人迁台历史、各姓迁台概况、族谱对接提要、宗祠神社对接、台胞回乡省亲、族谱馆藏目录、族谱对接网站等内容。这些内容既从历史及现实角度展示漳台血脉渊源，又把各种族谱资源有效整合到一起，使寻根者在系统了解宗族源流、繁衍播迁历史的同时，可以迅速找到联宗对谱的渠道，兼具史料性与工具性的双重特点③。2014 年 7 月 8 日，中国闽台缘博物馆两岸谱牒文献中心举办的"闽台族谱对接咨询活动暨闽台同宗同名村交流活动"在台湾南投县草屯镇举行。来自泉州、漳州的宗亲和同宗同名村代表 22 人，来自台湾 10 多个宗亲会、30 多个宗姓的宗亲代表 60 多人等参加活动④。此类例子还有很多，不一一枚举。

以上这些族谱对接和宗亲文化交流，虽然年轻人总体上还显得不是很积极热络，但确实也有不少青年群体对自身姓氏源流、宗亲文脉表现出浓厚的兴趣和探索的欲望，尤其是台湾年轻人从小深受传统伦理文化教育，对家庭和宗族观念也有一定的知识储备的文化传承意识。应该说，以族谱为载体的姓氏宗亲文化认同和血缘纽带关系，具有非常广阔的前景，能够发挥联结两岸青年一代心灵沟通的巨大的潜在力量，并在此基础上构建两岸青年群体的宗亲文化认同观念。

三、族谱创新工作与两岸青年文化认同

虽然族谱在联结两岸亲缘关系中发挥着重要的纽带作用，但由于族谱内容繁杂泥古，且多有重复，不容易被年轻人所重视和喜欢。在新的时代形势下，有必要用现代科技和文创理念，来对闽台族谱重新包装，开展创新性工作，目的就是为了更好地贴近青年一代的需求和喜好，让传统文化更好地得到传承和发扬。

（一）建设闽台家谱数据库

为闽台民间各姓氏的族谱、家谱重修、闽台姓氏统修宗谱，及姓氏源流研究与文献整理，及谱牒溯源提供展示平台，数据库对每种家谱进行规范标引，著录信息包括姓氏、地名、家谱名称、册数、编者、编印年代、版别、散居地、始祖以及备考等项目。数据库除

---

① "漳台族谱对接网"，http：//www.ztzupu.com.
② "'闽台宗亲交流暨姓氏族谱展'在台南市举办"，福建省文化厅网站：http://www.fjwh.gov.cn/xxgk/tpxw/2010051001_ 25554.html.
③ 《漳州与台湾族谱对接指南》等书在漳州首发"，东南网：http://www.fjsen.com/b/2011－10/14/content_ 6370229.htm.
④ "闽台谱牒对接暨同宗同名村交流活动在台湾举行"，泉州网：http://qz.fjsen.com/2014－07/09/content_ 14454039_ all.htm.

了具备全文检索、浏览、下载等功能外，还设姓氏源流族群分布可视化、世系可视化、输名寻祖、家族名人故事多媒体体验、族群社交等方面的功能。还可以以青年人喜欢的 PC、手机 APP、VR 软件等形态来呈现，让青年人可以非常灵活地查阅个人或家族的文化信息。从而促进台湾民众对"两岸本源"之共识，进而修正某些具有分离倾向族人的"国家认同"，浸润台湾青年人的思想。

（二）举办两岸民间共修族谱活动

扩大民间对台交流合作的广泛社会基础和平台。支助宗亲文化交流、祖地拜谒活动。"草根性"的宗族文化，是做好台湾中下层民众工作重要抓手，是两岸交流"不可或缺"的介质，也是独特的资源。内地应充分利用这种血缘关系的优势，力求化"根脉关系"优势为对台交流合作优势，发挥两岸民间"血脉相连"的纽带作用。

（三）加强闽台族谱对接工作，强化两岸青年宗亲认同观念

在西方自由主义和后现代文化思潮影响下，年轻一代对传统文化的传承与发扬意识逐渐弱化，甚至对自身姓氏宗亲的源流演变毫无所知。近年来在闽台两岸组织的族谱对接、文化研习营等活动，让两岸青少年更直观地参与体验互动，能够更为有效地触动他们的心弦，强化青年一代的"祖根意识"与传统文化体认。

（四）发展族谱文化创意产业

让原来使人感觉比较严肃和古板的族谱文本、内容及家族宗祠活动，用现代文创方式加以包装和开发，面向市场化，创造出诸多以族谱和家族文化为符号元素的文创产品。如百家姓挂饰、餐具，族谱挂件、工艺品、手机壳或数码产品等，成为年轻人喜爱、易于接受的事物，在日常生活的点滴中加强对这种传统文化的认同观念。

（五）建立族谱博物馆、展示馆或体验馆等现代化的文化空间

目前，已知的有关族谱为主题的博物馆有中国族谱博物馆（位于江苏常州）、客家族谱博物馆（位于福建上杭县）和美国犹他州族谱博物馆等，有关两岸或闽台族谱博物馆还未产生。闽台族谱文献汗牛充栋、不可胜数，近年来已有文化机构致力于闽台族谱的搜集和数字化工作，并重新仿真制作家族谱，规模可以建立一座现代化的展示馆或体验馆。如果能在此基础上，由相关单位或部门牵头，联合高校、科研部门及社会团体或个人的力量，建立一座高科技的系统展示两岸族谱文化的博物馆是很有可能的，这也是深化两岸关系和平发展和社会融合发展的有效途径，对于青年人对传统文化的敬畏和阐扬也很具现实意义。

总之，血缘文化是营造两岸青年情感和心灵默契与交融的重要途径。两岸交流要植根于对台的"血缘"关系，以做好台湾青年工作为着眼点，增强祖地文化对台湾年轻一代的辐射力及影响力，促进台湾青年对"两岸本源"共识，发挥"沟通与争取台湾民心"重要纽带和前沿平台的作用。

四、结语

当下，两岸关系正遭遇严重的危机，特别是台湾年轻人开始站在政治舞台的前头，影

响台湾政治局势和两岸关系的变化。青年人蓬勃有朝气本是一件好事，但台湾青年有时候不明就里（抑或是存心为之），被别有用心的政党和政客蛊惑或操弄，走上了"反中拒统"的"台独"不归路，这不能不令人痛心。台湾青年政治倾向及其大陆观感的形成自然有其历史和现实的因素，但对中华传统文化的不敬恐怕也是值得我们深思的维度。像"太阳花学运""反课纲微调事件""台大中国新歌声事件"等，无不显示出那些带头闹事的青年人，哪里还有中华传统美德的影子？他们早已把传统文化的训诫、家庭或学校的品德教育抛诸脑后，带头挑唆"热血青年"们"争取权力"、绑架了民意，也将两岸关系和台湾未来发展引向了危险的境地。

在民进党政权拒不承认"九二共识"的局面下，两岸政治关系降至冰点，虽然两岸经济发展和民间层面交流依然频繁热络，但却被一层层浓厚的"台独"阴影所笼罩，令人感到沉闷、压抑，前景似乎并不明朗。特别是青年人之间的交流也不像以前那样能敞开心扉、无所顾忌。在这样的变局中，两岸交流将何去何从？许多人给出了不同的答案。笔者坚信：只有坚守中华传统文化的价值观和思想精神，在传承与创新的交互作用力下，让两岸青年重新检讨对传统文化的体认与实践，在持守共同文化价值信念的思想前提下，探索两岸社会深度交流与合作的各项途径和对策。族谱作为联结两岸宗亲姓氏的最根本性的血缘纽带之一，在强化和巩固两岸青年对传统文化的体认和传承，发挥着无可替代的作用。重视族谱编修、对接、数字化和文创化等工作，也是两岸关系长期和平稳定的一种"润滑剂"与"耦合剂"，值得关注和推进。

（本文是在两岸关系和平发展协同创新中心桥接项目"闽台家谱数据库及宗亲交流平台"的指导和支持下完成的，特此致谢！）